Décrypter le langage des gestes et des émotions

EDITIONS ESI

Marie-Laure Cuzacq

Décrypter le langage des gestes et des émotions

EDITIONS ESI

Sommaire

L'importance de la communication non verbale

Nous utilisons en permanence notre corps pour communiquer de façon inconsciente, naturelle, sans nous poser de questions… Tous les psychologues s'accordent à dire que ce langage du corps peut avoir de loin beaucoup plus d'importance que notre langage parlé. Bien sûr, nous nous doutons que notre image a un impact sur les autres, et que les gestes que l'on faits ne sont pas anodins. Mais nous ne maîtrisons pas toujours ni notre gestuelle ni celle des autres, et pouvons faire des erreurs de transmission et d'interprétation. Les conseils qui suivent sont là pour vous aider à comprendre l'impact de votre gestuelle sur votre relation avec les autres, et comment modifier cet impact à votre avantage !

L'utilité de mieux connaître le langage du corps

« La chose la plus importante en communication,
c'est d'entendre ce qui n'est pas dit. »

Peter Drucker

Témoignage

« Cela fait longtemps que le langage du corps est un sujet qui m'intéresse particulièrement entre tous. Non que je sois à proprement parler un spécialiste là-dedans, mais j'ai toujours été convaincu que le corps et l'esprit ne pouvaient pas aller l'un sans l'autre, et aussi que notre pensée se reflétait toujours, à un moment donné, dans notre corps. J'ai un très bon exemple à ce sujet d'ailleurs, un peu décalé à vrai dire, mais parlant : quand ma femme fait de l'eczéma, je sais qu'elle ne va pas bien, même si elle essaie de me le cacher et qu'elle me dit qu'elle est juste un peu fatiguée… Alors donc, quand je vois qu'elle a de l'eczéma, je redouble d'attention avec elle et je me pose un peu plus de questions sur mon comportement passé… Et très souvent, je m'aperçois que je n'ai pas été très sympa avec elle, par exemple… Et que sa façon à elle de me le dire, ce sont ces plaques rouges sur la peau ! Mais sans aller jusque là, mieux connaître la communication non verbale (via des livres ou des stages, par exemple), m'a beaucoup servi, que ce soit professionnellement ou dans ma vie privée. Maintenant, je sais, par exemple, quand un de mes employés ne va pas bien, ou veut me dire quelque chose mais n'ose pas. Ça me permet d'être plus proche de mon équipe. Je fais plus attention aux petites choses que je n'aurais jamais remarquées avant : il s'avère

que notre façon de bouger ou de nous tenir en dit long sur nous… J'ai beaucoup amélioré mes relations grâce à cet outil ! »

Denis, 38 ans

Un peu de théorie

Un moyen de mieux connaître autrui

La communication non verbale est une mine d'informations pour ceux qui s'y intéressent et observent leurs semblables avec un regard un peu affûté. On attache beaucoup d'importance à la parole, mais ce mode de communication est tout aussi riche. Pourquoi ? Parce qu'il met en jeu des éléments à la fois personnels, culturels et universels. Universels parce qu'il est en effet composé de certains éléments communs à tous les êtres humains, surtout en ce qui concerne les gestes liés à nos émotions ou à la séduction (c'est-à-dire principalement liés à la reproduction…). Une personne qui connaît bien les codes les déchiffrera donc chez vous aussi bien qu'il les déchiffre déjà chez lui-même. D'autres éléments, encore, demeurent plus culturels, et donneront aux personnes avec qui vous communiquez des indices quant à votre éducation ou à votre culture. En effet, selon que vous êtes de la haute bourgeoisie parisienne ou de la classe ouvrière du bassin méditerranéen ou de Lille, il est évident que vous ne bougerez ni vous ne vous exprimerez de la même façon… D'autres éléments enfin, n'appartiennent qu'à vous, et constituent une sorte de signature personnelle, quasi inimitable : le timbre de votre voix, votre démarche, votre façon de rire… Une personne qui vous connaît bien reconnaîtra les altérations et les changements dans ces signes subtils… Et ces indices vaudront, à certains moments, bien plus que tous les mots que vous pourrez dire (pensez à Denis et à l'eczéma de sa femme…).

Un moyen d'améliorer ses relations

Imaginez une personne incapable de déchiffrer la communication non verbale de son entourage. Cette personne serait ainsi inapte à sentir les émotions des autres, ce qui aurait pour effet une absence d'empathie naturelle et une intelligence émotionnelle au plus bas. Il serait, en fait, quasiment impossible pour elle d'avoir des interactions normales avec les autres. Elle ne pourra pas être présente pour les aider ou les soutenir s'ils ne vont pas bien. On ne peut en effet bien communiquer avec les autres personnes que si on est capable de voir (même inconsciemment) tous ces messages non verbaux. Les voir, et encore mieux prendre conscience de ces messages, est une condition sine qua non pour avoir des relations interpersonnelles normales, voire satisfaisantes. Et cela en partie parce que si l'on ne voit pas les bons signaux, on ne pourra pas répondre de la bonne façon (comme si « oui » signifiait « oui » pour les autres et « non » pour vous...). Comme la communication est un échange, une mauvaise compréhension du message donnera obligatoirement un mauvais feed-back... Mieux encore, si l'on est vraiment attentif aux autres, on peut même saisir des nuances encore plus subtiles dans leur comportement, et améliorer vraiment la qualité de notre communication, voire de nos relations... Quand on est amené à réfléchir sur ce qu'on voit tout autant que sur ce qu'on entend, on peut arriver à avoir des réactions beaucoup plus pertinentes et donc une présence et des relations bien plus profondes...

Un moyen d'améliorer sa communication

Améliorer sa communication en faisant les bons gestes au bon moment, c'est possible ! Même si cela nécessite beaucoup d'entraînement, voire pourquoi pas de bonnes qualités d'acteur, il est possible d'améliorer son charisme et la façon dont on est perçu par autrui, en faisant les gestes adéquats. Tout cela se travaille ! D'ailleurs, les personnalités publiques ne s'y sont pas trompées, et l'on ne compte plus celles qui prennent des « conseillers en image », qui leur apprennent à mieux bouger, mieux se tenir, mieux parler, mieux sourire aussi (même si en France, ces pratiques sont longtemps restées taboues)... L'image que l'on dégage est en effet si importante que la question ne peut être mise de côté. D'ailleurs, les hommes politiques ont raison de se méfier

de leur gestuelle, car elle va souvent à l'encontre de leurs discours (qui a dit « langue de bois » ?)…
À plus petite échelle (tout le monde ne souhaite pas être président…), cela peut servir à chacun de nous, de savoir comment se tenir lors d'un entretien d'embauche ou en réunion, ou comment faire de l'effet lors de la présentation d'un projet professionnel. Notre timidité naturelle peut être notre ennemie, en entreprise comme ailleurs, car elle nous fait entre autres bafouiller et suer ! Nous sommes jugés sur ce que nous dégageons et il est utile, au travail comme dans la vie, de savoir gérer cette apparence. Adopter les bons gestes, les bonnes postures peut aider à mieux se faire respecter et mieux se faire écouter…

À RETENIR

La façon bien à elle dont une personne communique à travers son corps donnera énormément d'indices sur sa personnalité propre, sur sa culture, voire sur ses habitudes. Et l'on peut remarquer sans trop s'étonner que mieux nous connaissons une personne, plus il nous est facile de déchiffrer chez celle-ci ces petits gestes du quotidien.

La communication non verbale nous aide également à reconnaître les émotions des autres pour pouvoir y répondre de façon pertinente, ce qui est crucial pour nous, les êtres humains, êtres sociaux par excellence. Un individu qui ne « verrait » pas le langage corporel des personnes qui l'entourent serait quelqu'un de profondément inadapté socialement…

Dès lors que l'on acquiert une grande connaissance (ainsi qu'une grande maîtrise) de la communication non verbale (celle des autres et la sienne propre), il devient beaucoup plus facile pour nous de moduler l'impact de cette communication non verbale auprès des autres… Pensez-y la prochaine fois que vous devrez parler devant 200 ou 300 personnes !

Comment lire les gestes des autres ?

« En tirant les conclusions de l'observation de nos interlocuteurs, interrogeons-nous sur d'autres interprétations possibles, et par des questions exploratoires, cherchons à valider ou à enrichir nos hypothèses. »

Éric Pestel

Témoignage

« Je fais régulièrement passer des entretiens d'embauche, et pour améliorer mes recrutements, j'ai suivi une formation en communication non verbale pour décrypter les gestes d'autrui. Je me suis aperçu que c'était en fait très complexe, et qu'un stage de deux jours serait un peu juste : il y a tellement de gestes et de significations différentes ! J'ai quand même retenu ce qui m'intéressait le plus finalement : les gestes liés au mensonge par exemple, les gestes de fermeture ou d'ouverture ou ceux qui servent à calmer quelqu'un d'énervé. Après le stage, j'ai donc essayé de mettre en application ce que j'avais appris, ce qui n'était pas facile finalement. Déjà, il faut beaucoup d'entraînement : les premières fois, je me concentrais tellement sur les gestes des candidats que je n'écoutais plus du tout ce qu'ils disaient ! Et puis, je dois dire que ce n'est pas évident de juger quelqu'un sur sa gestuelle lors d'un entretien d'embauche : la pression et le stress vont souvent fausser notre jugement. Pour vous donner un exemple, j'ai embauché la dernière fois une petite jeune, mais un peu à contrecœur, car elle ne m'avait pas fait grande impression. Elle avait l'air vraiment peu assurée. Seulement, elle avait le diplôme adapté au poste et une bonne expérience (je ne fonde pas non plus tout sur la gestuelle !).

Eh bien, après, elle m'a surpris ! Une fois qu'elle a pris ses marques, elle s'est vraiment épanouie et je la trouve maintenant très souriante et très dynamique... »

Jean, 48 ans

Un peu de théorie

Situer les gestes dans le contexte

Le décryptage du langage des gestes est un sujet passionnant, mais il est vrai qu'il faut être prudent, que ce n'est pas forcément facile de mettre la théorie en pratique. Non seulement parce qu'il n'est pas évident de capter tous les gestes, toutes les mimiques et toutes les expressions pertinentes, mais aussi parce que les situations ne sont pas forcément propices à l'analyse du comportement para-verbal de son interlocuteur.
Il est difficile de juger une personne sur un instant précis. Certaines situations, en effet, vont évidemment modifier l'attitude générale de l'individu que vous voulez « décrypter ». Les entretiens d'embauche en sont le meilleur exemple, les candidats ayant bien sûr la volonté de montrer la meilleure image possible d'eux-mêmes. A contrario, dans certains cas, le stress, voire l'anxiété des candidats, peut les amener à avoir des attitudes nerveuses de soumission ou de fermeture souvent contraires à ce qui est généralement apprécié chez un candidat.
Il faut donc, quand on s'attache à analyser la communication non verbale de son interlocuteur, prendre en compte la situation de communication tout autant que les gestes eux-mêmes, car les deux sont intimement liés, une situation tendue pouvant « parasiter » les gestes d'autrui. Afin d'éviter ces « parasites » dans la communication, il est ainsi fondamental de mettre à l'aise son interlocuteur, pour faire en sorte qu'il soit le plus naturel possible : il se livrera aussi plus facilement.

Ne pas faire de conclusions hâtives

Faites attention donc à ne pas interpréter de façon trop rapide le comportement non verbal des personnes avec qui l'on essaie de communiquer. Il vaut mieux de pas cataloguer trop vite les autres. Le mieux est d'observer, en laissant de côté ses premières impressions ou ses préjugés (nous en avons tous !). La nature humaine est ainsi faite : on ne voit souvent que ce que l'on veut bien voir ! Ainsi, après vous être fait une opinion de l'autre, vous chercherez ensuite tous les éléments qui confirmeront cette première impression (et occulterez en retour tout ce qui ne correspond pas à cette opinion, à cette perception...). Par exemple, si (par hasard...) vous pensez que toutes les blondes sont écervelées, vous aurez tendance à laisser de côté tous les signes qui pourraient « prouver » le contraire... En fait, le mieux pour décoder le comportement de l'autre est d'étudier sa gestuelle en opérant en « entonnoir », c'est-à-dire en partant du plus large au plus précis. De fait, on observera d'abord l'allure générale de l'individu, sa posture : a-t-il l'air détendu ? Donne-t-il une impression dynamique ? Est-il souriant, avenant ? Ce n'est qu'une fois que vous aurez noté ces éléments qu'il conviendra d'analyser les mouvements et gestes avec plus de précisions. En d'autres termes, ce n'est pas parce qu'une personne croise les bras qu'elle est forcément en mode « fermeture » : si elle est détendue dans sa posture, ce peut être seulement un geste de confort (ou parce qu'elle a froid !).

S'exercer d'abord avec les gens que l'on connaît bien

Pour commencer, il est conseillé de s'exercer avec les gens que l'on côtoie souvent et que l'on connaît bien. Cela est plus facile, tout simplement parce que nous sommes habitués à leurs manières et que nous serons donc beaucoup plus justes dans nos interprétations, parce que beaucoup plus subtils. Pensez à votre meilleur(e) ami(e) ou à votre conjoint(e). Vous devinez en général très vite si il ou elle ne va pas bien, s'il est soucieux ou s'il vous cache quelque chose. Ce qui est intéressant alors, c'est d'essayer de

mettre un nom sur les indices qui vous ont mené à cette conclusion. Est-ce parce qu'il a une démarche différente ? Est-ce plutôt dans le ton de sa voix, l'expression de ses yeux ? Une bonne connaissance du comportement non verbal de ceux que vous côtoyez tous les jours est déjà un excellent début pour analyser le langage des gestes des autres individus…
Cela évitera notamment de faire des erreurs, ou de s'attacher à des détails sans importance. Car il ne faut pas oublier une chose : contrairement à ce que l'on pense, la communication non verbale n'est pas non plus une fenêtre complètement ouverte sur l'autre : vous ne démasquerez pas non plus ses pensées les plus intimes. Vous pourrez, tout au plus, vous renseigner sur son état émotionnel ou affectif du moment, préciser certaines hypothèses relatives à ses intentions, pour pouvoir réagir de la façon la plus pertinente possible… Attention donc à ne pas donner trop de poids à ces gestes du quotidien…

À RETENIR

Nous ne nous comportons pas de la même façon en famille ou au travail : les enjeux, les relations hiérarchiques ou le stress changent notre gestuelle, en la rendant plus fébrile ou au contraire plus détendue. Attention donc à bien prendre en compte le contexte dans lequel s'opère la communication non verbale avant de tirer ses conclusions.

Il faut aussi ne pas trop faire confiance à sa première impression (même si elle est souvent juste, on en convient). Le problème, c'est que cette première impression nous enlève de l'impartialité, et l'on risque de s'attacher seulement aux détails qui confirment notre hypothèse, tout en laissant le reste (les détails qui pourraient l'infirmer) de côté…

Un bon moyen pour analyser la gestuelle d'autrui est de commencer à s'entraîner avec les personnes de notre entourage. Ainsi, il sera plus facile de se voir confirmé ce que l'on pense en leur posant des questions. Exercez-vous ainsi à repérer et noter tous les indices qui vous font dire que votre ami est triste, fatigué, en désaccord avec vous, etc.

Tour du monde du langage du corps

« Dès qu'on parle une langue étrangère, les expressions du visage, des mains, le langage du corps changent. On est déjà quelqu'un d'autre. »

Isabelle Adjani

Témoignage

« Je dirais que je suis plutôt quelqu'un d'assez doué pour les langues étrangères. Je ne sais pas, ça me donne réellement l'impression de voyager, rien que par le fait de parler un langage complètement différent. Et puis, je trouve que chaque langue véhicule tellement de choses différentes : la philosophie du peuple, sa culture, sa façon de voir le monde. Quand on sait, par exemple, qu'il y a plusieurs alphabets en japonais (dont un qui comporte pas moins de plusieurs milliers de signes !), on se doute alors que la culture japonaise va se révéler très complexe… Par exemple, il y a quelques mois, je me suis mise au coréen après une rencontre passionnante avec un Coréen. Je dois dire que ce qui m'a marquée, notamment, c'est la différence dans la gestuelle entre une Française comme moi, et un Coréen comme lui. Les Coréens sont, pour ne parler que de cela, beaucoup plus économes en gestes que nous : imaginez comme ils doivent se sentir bizarres quand ils séjournent en Italie ! En plus, souvent, les gestes qu'ils font dénotent le respect qu'ils ont pour vous. Le plus drôle dans cette histoire, c'est que je m'aperçois que depuis que je parle un peu coréen, je ne peux m'empêcher de faire des gestes que je

ne ferais jamais en parlant français : par exemple, quand je dis bonjour (qui se dit à peu près "anyong ha seyo"*), et bien je baisse automatiquement la tête... c'est plus fort que moi ! »*

Marilou, 22 ans

Un peu de théorie

La communication non verbale est-elle innée ?

D'une manière générale, la communication non verbale est plutôt considérée comme « naturelle » : elle accompagne naturellement nos paroles, et la plupart du temps elle est inconsciente ou semi-consciente (on pourrait en prendre conscience facilement, mais on ne le fait que rarement). Elle se fait surtout de manière mécanique. Elle devient volontaire lorsqu'on veut appuyer ses dires, qu'on veut convaincre, en faisant des gestes explicatifs par exemple, ou quand on a en tête une idée bien précise de l'image que l'on veut faire passer. On peut cependant différencier deux types de gestuelles : les gestes dits « innés » ou « universels » d'un côté et les gestes dits « acquis » ou encore « culturels » de l'autre. Les gestes universels sont ainsi reproduits de la même façon partout dans le monde, ce qui laisse supposer aux chercheurs qu'ils sont « inscrits » en quelque sorte dans notre patrimoine génétique. Ces gestes sont en général liés à trois choses différentes. Première chose, nos émotions : la peur, la colère ou la joie se manifestent à peu près de la même façon autour du monde. La deuxième chose qui ne change pas quelle que soit votre position sur le globe, c'est la gestuelle liée à notre « position hiérarchique » dans le groupe dans lequel on évolue : ainsi, les signes de soumission et de domination sont universels. Et enfin, on peut également inclure certains gestes de séduction dans cette catégorie. Les gestes universels correspondraient ainsi à notre part « animale ».

Les grandes tendances dans le monde

Il y a donc d'un côté les gestes innés, communs à tous, et de l'autre côté, les gestes liés à la culture. Ces derniers sont variés : le simple fait de dire bonjour est par exemple très différent selon les cultures, selon les pays : poignée de main, bises, signe de tête... De plus, ces gestes vont également varier selon la catégorie socio-professionnelle ou la région d'origine (deux bises à Paris, trois à Montpellier, quatre à Béziers...) etc. On peut cependant dégager deux tendances prédominantes dans le monde. Certaines cultures vont être très riches au niveau de la communication non verbale, d'autres le seront beaucoup moins. Ce n'est pas une surprise, les cultures latines et africaines font parties des cultures les plus expressives au niveau de la gestuelle : les individus vont énormément utiliser leur corps pour communiquer. On ne présente évidemment plus les Italiens et leurs mains très volubiles ! Certaines cultures africaines ont aussi un côté très tactile, qui pourrait facilement surprendre, gêner ou énerver des ressortissants... disons suédois ou anglais, que l'on connaît moins enthousiastes, plus intérieurs... Autres cultures très sobres en ce qui concerne la communication non verbale : les cultures asiatiques. Au Japon par exemple, toucher quelqu'un dont on n'est pas vraiment proche est mal vu, voire considéré comme un manque de respect... de même qu'exprimer des émotions très fortes... Peut-être est-ce pour compenser cela que les personnages de mangas sont si expressifs !

Gestes emblèmes et cultures

On appelle de façon générale « gestes emblèmes » ces gestes que l'on connaît tous, qui peuvent aisément se substituer aux mots et qui comportent donc leur signification propre : on peut par exemple évoquer le signe qui consiste à expliquer « il est fou » (avec l'index qui tapote la tempe). Certains de ces signes sont reconnus et compris partout dans le monde : ils correspondent en général à des fonctions vitales, comme manger ou dormir. D'autres sont vraiment spécifiques à une culture ou à un pays et peuvent même signifier quelque chose de complètement différent ailleurs. On pense notamment au pouce levé, qui en général veut dire « super » ou « ok », mais qui, en Grèce, risque d'être pris pour une insulte… Attention donc quand vous faites du stop à Athènes ! Ainsi, les différences culturelles au niveau de la communication non verbale peuvent être très importantes selon les pays. On peut également mentionner les Japonais (qui rappelons-le sont très sobres et très pudiques d'un point de vue corporel) qui comprendraient à peine 30 % de nos gestes emblèmes ! Ces différences peuvent même concerner des gestes très simples, comme « oui » ou « non ». Car s'il est vrai que dans la majeure partie du globe, ces gestes sont les mêmes, cela n'est pas vrai dans d'autres régions, qui possèdent leurs spécificités. En Inde, par exemple, le « oui » s'exprime en dodelinant de la tête de gauche à droite, ce qui peut surprendre (car cela ressemble à s'y méprendre à notre « non »…).

À RETENIR

De par le monde, certains gestes et attitudes sont immédiatement reconnus : les émotions, la soumission, la domination, voire aussi certains gestes de séduction. Ces gestes seraient issus notre part « animale », commune à tous les hommes, et inscrits dans notre patrimoine génétique, ils correspondraient donc à une sorte de langage universel.

Certaines cultures favorisent une communication non verbale enthousiaste, comme les cultures latines ou africaines, où le corps fait vraiment partie intégrante du discours. D'autres cultures, comme les cultures nordiques, anglo-saxonnes ou encore les cultures asiatiques, ont tendance à inhiber la gestuelle, dans un souci « d'ordre » ou de bienséance.

Les gestes emblèmes, qui portent leur propre signification, sont loin d'être universels ! Ils peuvent même être la source d'une véritable incompréhension entre les peuples : ainsi, les Japonais ou les Hongrois comprendraient à peine la moitié de nos gestes emblèmes ! Une bonne raison de garder les mains dans les poches quand on est en voyage…

Dis-moi comment tu marches je te dirai qui tu es

« C'est simple : à voir marcher quelqu'un,
on connaît sa pensée. »

Pétrone

Témoignage

« Ces derniers mois, je ne travaillais pas, et j'avais donc beaucoup de temps pour moi. Alors ce que j'aimais faire parfois, quand j'étais seul, c'était me mettre à la terrasse d'un café, quand il faisait beau, et observer les gens autour de moi ou qui marchaient dans la rue. En fait, je ne faisais pas cela dans un but purement "voyeuriste" : je m'intéresse un peu à la photographie et c'est important, pour un photographe, de capter l'allure des gens, leur façon de bouger, de marcher, ça dégage vraiment quelque chose d'indéfinissable. Et puis c'est toujours marrant et passionnant d'observer des inconnus et d'essayer d'imaginer leurs vies, leurs émotions, suivant la tête qu'ils ont, mais aussi suivant la manière dont ils marchent ou dont ils se tiennent. Je suis sûr qu'il y a des fois où je ne dois pas tomber si loin que ça dans mes suppositions : on voit l'homme d'affaires pressé d'aller à son rendez-vous, qui aimerait courir, mais qui sait que cela ne sied pas à son statut et qui se contente donc de marcher très vite… On voit aussi la jeune fille en fleurs qui n'a pas encore tout à fait

conscience de ses charmes, mais qui roule quand même des hanches de façon à la fois totalement naturelle mais aussi un peu travaillée... Sans parler de la petite mamie qui a l'air de porter sur elle tout le poids de son existence, et qui marche le nez par terre et à petits pas précautionneux... Je suis sûr que je pourrais même reconnaître les habitués de mon café rien qu'à leur démarche ! »

Antoine, 42 ans

Un peu de théorie

Une démarche personnelle

Depuis quelques années, les scientifiques se penchent sérieusement sur la façon que nous avons de nous mouvoir et dissèquent de façon précise les informations que notre démarche transmet aux autres. Car marcher ne nous sert pas qu'à nous déplacer, loin de là ! En effet, notre façon de marcher regrouperait beaucoup d'informations sur notre personnalité et nos singularités et serait partie intégrante de notre communication non verbale : notre démarche en dirait long sur notre sexe, notre âge, certaines caractéristiques psychologiques et fournirait même d'autres informations, comme notre état de santé ou notre statut de dominant ou dominé...

D'un point de vue évolutionniste, le fait de savoir capter ces informations, même inconsciemment, aurait été très utile, à une époque où le langage même n'existait pas encore, pour choisir son partenaire sexuel, ou encore pour différencier une proie d'un prédateur, un ami d'un ennemi... Comme quoi nous sommes bien sûr, encore et toujours, un produit de l'évolution de notre espèce !

Évidemment, chaque personne marche différemment. Par exemple, si vous voyez, même de loin, une personne de votre entourage, il y a de grandes chances pour que vous la reconnaissiez… et vous pourrez même dire si elle a l'air triste ou heureux… Chaque personne aurait donc, dans sa démarche, des éléments quasiment immuables, qui transmettraient des informations sur son caractère, et d'autres éléments qui varieraient selon le contexte, son humeur du moment, etc.

Domination et vulnérabilité

Tout d'abord, notre démarche fournirait beaucoup d'informations sur notre statut hiérarchique au sein du groupe dans lequel on évolue, si on en est le leader ou le laissé-pour-compte. Une étude sur le degré de vulnérabilité de certaines personnes a notamment été faite au Japon, à l'aide d'outils à la technologie avancée. Ces personnes dont on étudiait la démarche ont tout d'abord été modélisées sur ordinateur. On les faisait marcher dans le noir, avec des points lumineux placés à des endroits stratégiques du corps. Les observateurs ne voyaient donc pas du tout leur aspect physique mais pouvaient seulement suivre leurs mouvements grâce aux points lumineux. Ensuite, il a été demandé aux « cobayes » (le test portait sur des femmes exclusivement) de remplir un questionnaire, dans lequel on leur demandait par exemple l'historique des différentes agressions qu'elles avaient pu vivre au cours de leur vie (comme des « mains aux fesses » non désirées dans le métro bondé, par exemple). Les résultats ont été étonnants : les observateurs pouvaient déterminer de façon très précise quelles femmes étaient les plus susceptibles de se faire agresser ! La démarche correspondant à ces sujets « vulnérables » était notamment caractérisée par de petites enjambées, un faible balancement des bras et une façon « prudente » de poser le pied par terre. A contrario, les femmes qui faisaient de grandes enjambées accompagnées d'amples mouvements de bras étaient considérées comme dominantes…

Démarche, émotions et séduction

De même, notre état émotionnel serait visible dans notre démarche de façon certaine. Le même type de test, toujours fait en modélisant une personne à l'aide de points lumineux, a également été pratiqué en Allemagne. Les scientifiques demandaient aux sujets testés de penser à des choses heureuses, tristes ou angoissantes et de marcher en même temps... Et les observateurs pouvaient sans se tromper, déterminer exactement l'état émotionnel dans lequel les sujets se trouvaient, et ce rien qu'en observant leur démarche ! Cela tiendrait notamment à notre rapidité et notre tonicité, à la façon dont on se tient (droit ou courbé), au balancement de nos bras (plus ou moins accentué) ou encore à la façon dont on frappe le sol avec le bout du pied, de manière plus ou moins volontaire, ou justement comment on traîne des pieds...

D'autres études, encore plus étonnantes, ont également porté sur notre façon de marcher et le rapport entre démarche et état hormonal... En effet, notre démarche (et plus spécialement celle des femmes, vous allez comprendre pourquoi...) varierait énormément selon... le moment de notre cycle et la concentration de certaines hormones associées à la reproduction ! Ainsi, il semblerait que nous adoptions une démarche plus chaloupée (et donc plus attirante pour les hommes) quand nous sommes en période d'ovulation, c'est-à-dire en pleine période de fertilité... Ainsi, même sans que nous en ayons conscience, nous sommes encore soumises à cette bonne vieille loi de l'évolution !

À RETENIR

En observant la démarche de quelqu'un (et même si aucun autre indice que la démarche n'est visible), nous pouvons de façon instinctive en déterminer le sexe, l'âge, et même certains traits de caractère… Cela serait dû au fait que nous avons dû, dans les temps anciens, déterminer rapidement si celui qui s'avançait vers nous était un ami ou un ennemi.

Cela va même encore plus loin ! En effet, la façon dont nous marchons indiquerait aussi aux autres notre degré de domination et de vulnérabilité, que l'on soit homme ou femme. Ainsi, notre cerveau serait une sorte de détecteur ultra-sensible qui nous indiquerait d'instinct si l'autre est une proie ou au contraire un prédateur dont il faut s'éloigner…

Dans le même ordre d'idée, nous sommes également capables de déterminer, rien qu'en observant leur démarche, si les personnes que l'on voit déambuler sont plutôt de bonne humeur, ou au contraire abattues, en colère ou inquiètes. Enfin, il semblerait que les femmes en période d'ovulation aient une démarche plus « aguichante » pour attirer les mâles…

La morphopsychologie

« Nous sommes tels que la nature nous a faits ; on peut, peut-être (et c'est un peut-être), régler sa conduite, mais non pas changer ses sentiments ni son caractère. »

Marie du Deffand

Témoignage

« Il y a quelques années, je travaillais comme technicien dans la téléphonie, et je voulais changer de travail, mais je ne savais pas trop vers quoi me diriger. J'en ai parlé à une amie, qui m'a conseillé d'aller voir un ami à elle, un morphopsychologue. Au début, j'étais très méfiant : je ne connaissais pas cette discipline et franchement, j'avais du mal à croire qu'on puisse dire qui j'étais exactement en regardant seulement la forme de mon visage. Mais bon, je n'avais pas grand-chose à perdre non plus : Jacques, le morphopsychologue, acceptait de me voir pour une somme modique, vu que j'étais l'ami d'une amie. J'avoue que les résultats ont été étonnants : il a donc fait une analyse de mon visage et un bilan complet de mon caractère, en me proposant différents métiers dans lesquels je pourrais m'épanouir. Il m'a défini comme ouvert, sociable, avec un grand besoin de nouveauté, et beaucoup "d'énergie vitale". J'avais besoin, d'après lui, d'un environnement et d'un travail varié, où je pourrais rencontrer des gens différents, voyager, etc. Et bon, tout était vrai ! Finalement, je me suis inscrit dans une école privée pour devenir ingénieur

du son. Depuis, je fais ce métier et je me sens vraiment bien : je vois du monde, j'assiste à plein de concerts, je voyage en France et à l'étranger. Et depuis peu, j'ai réussi à faire assez d'heures pour être intermittent du spectacle… Comme quoi, finalement, la morphopsychologie, ce n'est peut-être pas que du baratin… »

Jérôme, 39 ans

Un peu de théorie

La morphopsychologie, une vraie science ?

La morphopsychologie sert à étudier les correspondances entre la morphologie des traits d'un visage et la psychologie d'une personne. C'est une discipline très controversée qui n'est d'ailleurs pas reconnue comme une science à part entière… Cependant, elle compte beaucoup d'adeptes, et il nous semble utile d'en parler, car, à bien y réfléchir, nous faisons tous de la morphopsychologie, de façon intuitive. Ainsi, nous nous basons tous sur des critères physiques pour évaluer quelqu'un que l'on rencontre pour la première fois. Qui n'a jamais dit *« ça se voit qu'elle est gentille, elle le porte sur elle »* ? Et puis, quand on parle de communication non verbale, il est difficile de ne pas parler de morphopsychologie. En effet, si l'on exprime tant de choses à travers notre corps, il semble normal que la forme de notre visage et nos expressions dégagent aussi certaines choses. Il est ainsi vrai que certains de nos traits de caractère peuvent sembler liés à certaines de nos caractéristiques physiques. La façon dont notre système hormonal (ou nerveux) fonctionne peut, par exemple, avoir des répercussions sur notre apparence physique, mais aussi sur notre émotivité ou notre énergie. Enfin, il faut préciser que la morphopsychologie va décrire une tendance ou un potentiel chez un individu, et non un trait de caractère figé : les morphopsychologues assurent que rien n'est définitif, et que les événements importants que nous rencontrons durant notre vie modifient aussi notre visage.

Un visage à trois étages

Nous allons maintenant aborder ici quelques règles de la morphopsychologie. D'abord, il faut préciser que la morphopsychologie analyse plus particulièrement ce que renvoie le visage, en le divisant notamment en trois parties. La première partie est le haut du visage, composé des yeux, des sourcils et du front. C'est l'étage « intellectuel », c'est-à-dire que cet endroit correspond à la façon dont les gens réfléchissent. Par exemple, un front très haut serait l'apanage de quelqu'un de très conceptuel, penchant vers l'abstraction, alors qu'un front plus petit serait plutôt le signe d'une personne plus terre à terre, cartésienne, qui s'attacherait davantage aux choses concrètes.

Le deuxième étage, l'étage « relationnel », représente lui la partie comprise entre les yeux et la bouche : il comprend donc le haut des joues, ainsi que les pommettes, le nez et les oreilles. C'est l'étage émotionnel, celui qui donne des précisions sur l'affectivité du sujet analysé. Ainsi, un nez court, accompagné de joues rebondies présagerait une personnalité ouverte, sociable, alors qu'un nez long avec des pommettes très saillantes serait le signe de quelqu'un de plus indépendant ou solitaire.

Enfin, le troisième étage est composé de la bouche et du menton et serait l'étage « matériel » : celui qui donne des informations sur les besoins matériels du sujet, par exemple au niveau professionnel. Ainsi, une personne avec un menton très saillant, plutôt en avant, serait persévérante et très combative.

La forme des récepteurs

En morphopsychologie, une autre composante importante est liée à ce que l'on appelle les récepteurs. Les récepteurs sont en fait toutes les ouvertures présentes sur le visage, qui font le lien entre notre monde extérieur et notre monde intérieur. Ainsi, les récepteurs principaux sont les yeux, le nez, la bouche et les oreilles. Ces récepteurs, en fonction de leur taille et de leur forme, donneraient des indications sur la façon dont nous interagissons avec le monde qui nous entoure.

Ainsi, si vous avez plutôt une grande bouche avec des lèvres charnues (récepteur situé, rappelons-le, dans l'étage matériel) cela dénoterait plutôt un profil de bon vivant, associé à de gros besoins matériels (nourriture, confort, argent, voire sexe !) et une tendance à l'accumulation : vous auriez tendance à privilégier la quantité à la qualité. Par exemple, vous préféreriez acheter dix vêtements à dix euros plutôt qu'un seul à cent euros.

Au contraire, une bouche étroite et fine serait le signe d'une personne plus élitiste, qui aurait un grand besoin de contrôler son environnement. Cette personne serait plutôt prudente, c'est-à-dire qu'elle réfléchirait beaucoup avant d'agir. Elle serait également plus qualitative que quantitative. Pour donner un exemple concret, ce serait une personne qui aurait tendance à aller dans des supermarchés spécialisés dans des produits bio pour faire ses courses : elle mangerait un peu moins, mais en faisant très attention à ce qu'elle a dans son assiette…

À RETENIR

La morphopsychologie se base sur un vieux mais toujours sulfureux postulat : elle offrirait la possibilité d'analyser la personnalité d'un individu en se basant uniquement sur des critères physiques. Évidemment, les scientifiques sont très partagés sur ce sujet, mais cette « science » millénaire (qui existe depuis l'Antiquité) a en fait de nombreux adeptes.

En effet, notre visage serait ainsi divisé en trois « étages », avec un ou deux étages dominants. Chaque partie est d'abord analysée séparément puis les trois sont évaluées ensemble pour former un profil psychologique. Le haut du visage serait l'étage intellectuel, la partie médiane serait l'étage affectif, et la partie basse serait l'étage matériel.

Un autre élément important serait la taille de nos récepteurs : yeux, bouche, nez… De grands récepteurs seraient le signe d'une grande ouverture ou une grande avidité du monde extérieur. Au contraire, de petits récepteurs dénoteraient une personnalité plus concentrée, plus élitiste. La forme du visage est aussi importante pour analyser les récepteurs.

Les gestes dominants

« Occuper l'espace est le meilleur signe de la confiance en soi ou de l'aisance. »

Wu Donway

Témoignage

*« J'ai toujours été quelqu'un de plutôt discret, mais ce n'est pas le cas de tout le monde dans ma famille ! Mon père, par exemple, est mon exact opposé, et je me suis souvent dit que c'était peut-être pour cela qu'on ne s'était jamais entendu, lui et moi. Je crois qu'il aurait aimé que je lui ressemble plus, mais pour moi, cela me paraît impossible que je puisse un jour avoir le même comportement que lui ! Par exemple, c'est quelqu'un qui a toujours aimé être au centre de l'attention de tout le monde. C'est flagrant lorsqu'on fait des réunions de famille. Aux repas, c'est toujours lui qui va se débrouiller pour se mettre en bout de table, même s'il n'est pas le « chef de famille » à ce moment-là, d'ailleurs : il dit qu'il aime bien "*garder un œil sur ses ouailles*"… Ce qui pour moi veut tout dire, vu qu'il se considère comme Dieu le Père… ou le Parrain, au choix. Et je ne vous parle pas de sa façon de monopoliser la parole dès qu'on commence à discuter ! C'est toujours lui qui a pêché la plus grosse truite, c'est toujours lui qui a la plus grosse maison, la plus belle voiture, et même la plus belle femme (ma mère a toujours été son plus beau trophée, qu'il exhibe de temps en temps au restaurant, parée*

de tous ses bijoux…). Je pense qu'il n'écoute même pas les autres, il est trop occupé à s'écouter lui-même… Le pire, c'est que tout le monde paraît ne pas faire attention à tout cela… Peut-être est-ce parce que c'est toujours lui qui invite tout le monde à ses frais… »

Aymeric, 39 ans

Un peu de théorie

Comme des animaux ?

L'homme est un animal social qui vit dans des groupes plus ou moins importants. Pour que ces groupes fonctionnent bien et vivent en harmonie, il a été nécessaire de les organiser en suivant certaines règles. Et quelles sont ces règles ? Ni plus ni moins les mêmes (à quelque chose près) que celles qui régissent la plupart des sociétés animales : tout d'abord, il y a une hiérarchisation des individus. Cette hiérarchisation de la société vise notamment à réguler la reproduction, à diminuer les conflits grâce à l'arbitrage d'une personne placée au-dessus du groupe, et à faire en sorte que la société fonctionne de manière « harmonieuse ». Certaines personnes vont donc dominer les autres, d'autres vont se soumettre. Ainsi, au quotidien, nous passons énormément de temps à évaluer, de façon consciente ou inconsciente, le potentiel de domination de ceux que nous rencontrons, et la réponse à la question « cette personne est-elle dominante » est, malgré notre degré de civilisation, un de nos critères de jugement quand il s'agit de se faire une opinion sur quelqu'un. D'ailleurs, dans notre société moderne, le « leadership » est une qualité importante et valorisée, que tous les dirigeants se doivent de posséder, pour pouvoir accéder aux plus hautes fonctions... Mais comment un homme ou une femme peut-elle montrer, via son corps, qu'elle domine les autres ? Quels sont les indices corporels qui vont prouver que telle ou telle personne est dominante ? C'est ce que nous allons voir ici.

Une question de... génétique

La taille, tout d'abord, est déterminante : c'est injuste mais c'est ainsi ! Plus on est grand, plus on a de chances de paraître naturellement dominant. À moins de ne pas assumer sa haute taille et de sembler mal à l'aise. L'une des façons d'être dominant est donc d'avoir l'air plus grand que les autres (certains hommes politiques portent des talonnettes pour compenser leur petite taille...). La posture dominante (en station debout) sera donc une posture très droite, dégageant une forte impression de solidité. Ainsi, les personnes dominantes auront tendance à avoir les épaules en arrière, le menton relevé, la tête haute, avec, très souvent, les jambes relativement écartées, de façon à être solidement ancrées au sol. On appelle ces postures des postures en extension. On peut les observer chez les chanteurs de rock lors de leur concert ou chez les sportifs qui prennent souvent ce genre d'attitudes quand ils gagnent, en faisant, par exemple, des gestes projetés vers le haut.

Une autre manifestation de domination est l'agressivité, la combativité d'une personne. Certaines paraîtront naturellement plus agressives que d'autres. Par exemple, quelqu'un avec une mâchoire très carrée aura naturellement un physique dominant. En effet, une mâchoire carrée est souvent le signe d'une personne très « riche » en testostérone, qui est connue comme l'hormone de l'agressivité... Évidemment, les hommes sont donc naturellement mieux lotis que les femmes en ce qui concerne la testostérone...

Une question de territoire ?

À la base, le but de toute domination a toujours été d'annexer le plus de territoires possibles en les soustrayant aux autres. Car plus de territoires signifiait clairement plus de possessions, plus de nourriture et plus de partenaires sexuels. De fait, une personne dominante prendra beaucoup plus de place que les autres donc elle voudra tout plus grand. Il n'y a qu'à voir les bureaux, les voitures ou les maisons des personnes de pouvoir... De même, lors d'une réunion, les personnes dominantes s'assoiront de préférence à la meilleure place, en bout de table, de façon à pouvoir observer leur petit monde. D'ailleurs, les formateurs qui animent des séminaires professionnels observent toujours la façon dont les stagiaires se placent le premier jour. Si les tables sont placées en « U », il y a de grandes chances pour que la « forte tête » se mette pile en face du formateur, au centre de tous les autres, cette place étant symboliquement celle de l'affrontement pour la domination. Regardez deux bêtes qui s'affrontent : elles se mettront en face l'une de l'autre, mais jamais de côté ! Ce n'est que lorsque l'une a pris le dessus sur l'autre que cette dernière va lui montrer son flanc (ou son derrière...), c'est-à-dire ses points vulnérables, tout en prenant une position basse (tous les propriétaires d'animaux domestiques – chiens ou chats – connaissent bien cette gestuelle)... Comme quoi, de l'homme à l'animal, la frontière est souvent plus ténue qu'on voudrait bien l'admettre...

À RETENIR

En effet, il en a toujours été ainsi, chez les hommes comme chez les animaux qui vivent en société : l'émergence de dominants et de dominés est absolument inéluctable, notamment pour des questions de régulation dans le groupe. Ainsi, encore maintenant, nous passons beaucoup de temps à nous positionner et à juger le positionnement des autres.

En effet, certains critères physiques vont confirmer le pouvoir de domination d'une personne plus facilement. Par exemple, pour paraître dominant, il faut déjà paraître (plus) grand (que les autres)... D'où l'utilisation de certaines postures, dites « en extension ». De même, une posture et une gestuelle agressives vous feront paraître plus dominant.

Une autre manifestation de domination est le fait de prendre plus de place que les autres : ce peut-être au niveau spatial (avoir un plus grand bureau, faire de plus grands gestes...) ou encore au niveau sonore. Mais ce peut être aussi le fait de prendre « la place du chef » : la place centrale, d'où il sera facile d'observer tous les autres...

Les gestes de la soumission

« La soumission désarme la colère,
alors que la domination l'encourage. »

Proverbe français

Témoignage

« Bastien, mon ex-copain, a toujours été quelqu'un d'assez fier, d'assez orgueilleux même. Avec mes copines, on l'appelait même le « mâle alpha », en référence aux gorilles à dos argenté ! Par exemple, il n'a jamais supporté qu'on s'oppose à lui ni qu'on le critique, surtout en public. On peut même dire que je le trouvais "chiant" parfois (pardon !), parce qu'il se prenait beaucoup trop au sérieux et n'avait que très peu d'autodérision… (c'est une des raisons pour lesquelles c'est devenu un ex d'ailleurs !). Bref, ce n'était pas quelqu'un à qui on cherchait des ennuis, car il démarrait au quart de tour dès qu'il se sentait attaqué… Je vous dis ça pour que vous compreniez ma surprise quand, par hasard, nous avons rencontré un jour son patron, lors d'un match de rugby. J'ai vu Bastien se transformer littéralement ! Deux minutes avant, il faisait le coq de basse-cour devant moi, à se vanter qu'il avait fait ci ou ça, et l'instant d'après, on aurait dit un chiot qui se faisait gronder par son maître… C'était incroyable ! En deux secondes, je l'ai vu baisser la tête, et regarder son boss par en dessous, comme un jeune écolier ! Bref, son patron nous a parlé quelques instants, et a demandé à Bastien s'il était possible qu'il reste deux ou

trois heures de plus le lendemain parce qu'ils avaient une grosse commande à honorer et pas assez de main-d'œuvre… Évidemment, Bastien s'est empressé d'accepter… comme quoi, j'aurais peut-être dû m'y prendre autrement avec lui ! »

Agdéna, 24 ans

Un peu de théorie

Objectifs : plaire et passer inaperçu(e)

De manière générale, les personnes se retrouvant en position d'infériorité ressentent souvent une sorte de diminution momentanée de confiance en elles. Cette baisse de confiance traduit une peur de ne pas être à la hauteur face aux situations, d'être mal jugées par les autres, que ce soit sur leur apparence, leur physique ou sur leurs compétences. Cette baisse d'assertivité (assertivité est synonyme d'affirmation de soi) s'exprime alors de deux façons différentes. Première solution : plaire à son interlocuteur en multipliant les signes de soumission et en essayant de l'amadouer par une attitude aux antipodes de la domination (comme Agdéna a pu l'expérimenter de façon surprenante en regardant l'attitude de son ex-compagnon en face de son supérieur hiérarchique). Deuxième solution : paraître transparent et essayer de passer inaperçu, pour se soustraire au regard des autres personnes et ainsi éviter leur jugement. Cela est notamment flagrant chez les jeunes, qui ont souvent une attitude ambivalente, voire paradoxale : ils ont à la fois une volonté de plaire (c'est l'âge des premières expériences amoureuses) et une volonté de ne pas se mettre en « danger » en évitant d'attirer l'attention sur eux. Ainsi, l'on peut voir nombre de jeunes filles se maquiller de façon parfois outrancière, tout en cachant leurs formes derrière des vêtements peu flatteurs ou de couleur sombre… Cette ambivalence se retrouvera ainsi chez toute personne « soumise », et ce, même à l'âge adulte.

Les postures de soumission

On peut remarquer que certains signes de soumission sont révélateurs de cet état. Au niveau de la posture, c'est assez flagrant : alors que les personnes dominantes s'expriment par des postures en extension, en ouverture, avec des gestes amples, les personnes soumises (même momentanément !) vont adopter une gestuelle étriquée et une posture en contraction, c'est-à-dire que par leur position elles vont permettre de « prouver » qu'elles ne représentent aucun danger pour les autres. Elles vont ainsi se faire plus petites pour paraître plus vulnérables. Par exemple, si la personne soumise est debout, elle fera tout pour prendre le moins de place possible : les jambes seront serrées, la tête baissée ou rentrée dans les épaules et ces dernières seront plus tombantes ou plus voûtées. Ceci est d'autant plus flagrant quand le dominant est assis et que le dominé doit demeurer debout. Le fait de rester assis étant, dans ce cas-là, une façon de dire : *« Je n'ai pas besoin de me lever pour vous. »*
En position assise, la personne soumise aura le même souci de ne pas se faire remarquer : la posture sera très contractée, le corps ramassé sur lui-même, les jambes pliées, ou croisées, avec parfois les pieds sous la chaise, dans une attitude de repli, comme pour occuper le moins de place possible. Cette position permet d'une part de montrer à l'autre que l'on n'a aucune agressivité, et d'autre part d'augmenter le nombre d'autocontacts (ces gestes qui sont destinés à nous rassurer nous-mêmes).

Conversation entre dominant et dominé

La gestuelle liée à la conversation entre un dominant et un dominé aura la même symbolique. Par exemple, lors d'une discussion, une personne soumise qui n'a pas la parole multipliera les gestes d'écoute active, afin de bien prouver à son interlocuteur que ce dernier a toute son attention, contrairement au dominant, qui lui, n'aura pas besoin de faire cela, car son but premier ne sera pas de plaire à l'autre. La gestuelle de l'écoute active est très simple, mais très efficace : elle se résume à des hochements de tête plus ou moins vigoureux accompagnés de légers bruits d'assentiments (« hum hum »), le tout assorti de regards attentifs et bien fixés dans les yeux de l'autre. Certaines personnes vont également pencher la tête légèrement sur le côté, dévoilant ainsi leur cou qui est une des parties les plus vulnérables du corps. En revanche, dès que le dominé prend la parole, il le fait en jetant à son interlocuteur des regards plus détournés, voire carrément fuyants. Le regard est en effet un excellent indice de soumission ou de domination. Car alors que le dominant peut se permettre de « provoquer » l'autre en le regardant dans les yeux, le dominé lui, va plutôt chercher à interrompre ce genre d'interactions visuelles et ne plus prendre l'autre en considération. Cela peut d'ailleurs être assimilé à une sorte de fuite psychologique : comme il ne se sent pas à l'aise, le dominé va éviter de regarder ce qui le trouble (le dominant), comme pour faire en sorte qu'il n'existe plus…

À RETENIR

Le manque de confiance en soi (qui peut être momentané – face à son boss par exemple – ou plus profond) est évidemment l'une des premières raisons qui font que l'on adopte des postures de soumission. À ces moments-là notre communication non verbale a alors deux buts bien précis : d'abord plaire à notre interlocuteur, puis passer le plus inaperçu possible.

Nous avons ainsi tendance à adopter une posture ramassée et une gestuelle réduite dans l'espace. Nous nous efforçons de prendre le moins de place possible, pour, symboliquement, ne représenter aucun danger et montrer que nous n'avons aucune volonté d'affrontement. Ces postures nous permettent aussi de multiplier les autocontacts, qui nous « rassurent ».

Les individus dominés vont également faire en sorte de plaire à leurs interlocuteurs dominants, en adoptant les attitudes typiques de l'écoute active pour prouver leur attention (hochements de tête, regards concentrés). En revanche, ils seront beaucoup moins à l'aise quand ce sera à leur tour de parler, et ils le feront souvent avec des regards fuyants.

Les gestes d'ouverture

« Développer l'ouverture du cœur est sans doute la meilleure arme de combat. »

Anonyme

Témoignage

« Je travaille depuis peu au service après-vente d'une grosse entreprise, qui vend de la Hi-Fi et de l'électroménager. Je suis chargé, avec des collègues, de réceptionner les clients mécontents, de prendre en charge les produits défectueux et de gérer les réparations et les dépannages, ainsi que les encaissements quand les produits ne sont pas couverts par la garantie. Et depuis que je travaille là, j'en ai vu, des clients mécontents ! La plupart du temps, sincèrement, les gens sont plutôt sympas, parce qu'ils savent très bien que je n'y suis pour rien, et que je suis justement là pour essayer de régler leurs problèmes. Et j'essaie, moi-même, de ne pas provoquer leur agressivité, parce que ça peut vite déraper. Franchement, la plupart du temps, il suffit déjà d'écouter les gens jusqu'au bout et de se montrer attentif et souriant pour que ça se passe bien. Mais certains de mes collègues ne comprennent pas très bien ce principe : quand les gens arrivent, ils font la gueule, et forcément, du coup, les gens laissent éclater leur mauvaise humeur, ce qui provoque en retour l'énervement de mes collègues, etc. ce qui peut vite dégénérer… Moi, je sais garder mon calme : il n'y a pas mort d'homme quand même, donc j'estime que ce n'est pas la peine de s'énerver ! Si vraiment les gens s'énervent, je les prends dans un

bureau, je les fais asseoir, leur propose un café, et je prends le temps qu'il faut… Du coup, c'est moi qu'on appelle pour les clients difficiles maintenant ! »

Cyril, 37 ans

Un peu de théorie

Se montrer à l'écoute

Il y a beaucoup de postures et de gestes différents qui peuvent traduire notre ouverture. Se mettre en position d'ouverture, c'est d'abord, en effet, se mettre en position d'écoute et de communication, et faire comprendre à l'autre : *« Allez-y, toute mon attention vous est consacrée. »* Vous pouvez ainsi montrer votre ouverture par un visage souriant et un regard attentif, franc et direct, sans être provocateur. Votre corps peut être positionné légèrement vers l'avant, puisque l'ouverture mentale se traduit la plupart du temps par une plus grande proximité physique consentie (sans vous montrer intrusif). Évitez aussi, même pour une question de confort, de croiser vos bras ou vos jambes, afin de ne mettre aucune entrave physique ou mentale à votre écoute, ni aucun geste de protection qui serait alors malvenu et apporterait de la confusion. D'ailleurs, à ce propos, plusieurs recherches prouvent que le fait de croiser les bras influence grandement notre niveau d'écoute et d'apprentissage. Ainsi, lors d'une expérience, on demandait à deux groupes d'étudiants d'écouter la même conférence, en demandant à l'un des deux groupes de croiser les bras tout au long de la présentation et à l'autre de ne pas le faire. Ensuite, tous les participants effectuaient des tests de mémorisation… Les résultats sont surprenants : il s'avère que les élèves du groupe « aux bras croisés » étaient 38 % moins bons que ceux de l'autre ! Comme quoi, le corps influence l'esprit plus qu'on ne le pense !

Se montrer apaisant

Les gestes d'ouverture peuvent aussi être utilisés pour calmer une personne tendue ou en colère. Pourquoi ? Parce qu'en cas de colère, mieux vaut faire les bons gestes que dire les bons mots, tout simplement parce que le cerveau d'une personne énervée est beaucoup plus sensible à la communication non verbale. En effet, une parole même pleine de bonnes intentions peut ne pas être entendue ou comprise : en cas de colère, une partie de notre cerveau (la partie logique et réfléchie, dite aussi *corticale*) se « déconnecte » en quelque sorte, pour laisser agir le cerveau limbique (le « cerveau émotionnel ») à sa guise. L'inconvénient, c'est que ce cerveau-là est très spontané, emporté, et qu'il ne se contrôle pas très bien, d'où la propension à « péter un plomb ». L'avantage, c'est qu'il est aussi très sensible à tous les signes physiques d'apaisement, s'ils sont bien effectués, car c'est aussi ce cerveau qui est le plus apte à décoder les gestes. Ainsi, on peut se montrer apaisant en montrant en priorité les paumes de ses mains. Cela peut sembler ridicule, mais c'est pourtant ce que l'on fait de façon instinctive quand on veut absolument convaincre l'autre qu'on lui veut du bien, qu'on est sincère, honnête... et inoffensif. Regardez les « méchants » dans les films : arrive toujours un moment où ils plaident leur cause face au « gentil » (avant d'essayer de le tuer par surprise !). Dans ces cas-là, ils adoptent souvent cette posture, les mains tendues et les paumes vers le haut...

D'autres gestes pour apaiser les conflits

Si la personne en face de vous est tendue, il est probable qu'elle aura les poings serrés ou les bras croisés sur sa poitrine. Ainsi, pour changer son état d'esprit, vous pouvez agir en tentant un contact indirect avec elle. Il y a contact indirect quand deux personnes touchent le même objet. Ainsi, vous pouvez lui donner quelque chose de la main à la main (une carte, une brochure, un stylo...), ou lui tendre calmement un siège, afin de la pousser à ouvrir les mains et les bras et la mettre doucement dans une attitude plus ouverte et plus détendue. Face à une personne très agressive, le même genre de geste peut également fonctionner. Cependant, la première chose à faire pour apaiser quelqu'un d'énervé est déjà de l'inviter calmement à s'asseoir. En effet, quand on est debout, notre corps sait instinctivement qu'il est actif, en bonne position pour attaquer, frapper s'il le souhaite, ce qui entretient la tension corporelle. Alors qu'une fois assis, il nous est plus difficile de prendre du recul pour frapper sans se mettre en danger, nous sommes dans une position plus décontractée. Enfin, si vous savez que vous allez avoir un entretien tendu avec quelqu'un, il peut être très utile de choisir pour l'entretien une table ronde. En effet, une table rectangulaire renforce l'idée que chacun a son territoire, et de fait renforce aussi les antagonismes et les positions hiérarchiques (et donc les combats), alors qu'une table ronde donne une impression d'égalité à ceux qui sont autour.

À RETENIR

Les gestes d'ouverture sont d'abord ceux qui montrent à notre interlocuteur que l'on est attentif à ses paroles. Nos gestes, nos regards seront donc tournés vers lui. Il vaut mieux éviter aussi tout mouvement de fermeture, comme le fait de croiser les bras ou les jambes, ce qui enverrait à l'autre un signe de désengagement ou de désaccord.

En effet, montrer ses paumes de mains est un geste symbolique naturel et très puissant. Il viendrait du temps où il fallait montrer ses mains pour prouver que l'on n'était pas armé, pour pouvoir rentrer dans une tribu, une cité ou une maison. De plus, il a l'avantage d'être compris instantanément, ce qui n'est pas un luxe face à quelqu'un d'énervé…

D'autres gestes peuvent en effet calmer les personnes en colère : les faire asseoir est déjà la première des choses à faire, car cela a pour effet de faire immédiatement baisser la tension corporelle. Mais on peut aussi essayer les contacts indirects, si l'autre le permet. Enfin, on s'efforcera de réduire les antagonismes en effaçant les « territoires ».

Les gestes de fermeture

« Tout refus de communiquer est une tentative de communication ; tout geste d'indifférence ou d'hostilité est appel déguisé. »

Albert Camus

Témoignage

« Je me rappelle de la première présentation que j'ai faite pour un client. C'était un projet de publicité pour une marque de vêtements. Je venais d'arriver dans la boîte et j'étais encore peu sûr de moi. En plus, j'avais évidemment une pression énorme sur les épaules, puisque c'était la première fois que j'avais vraiment la possibilité de conduire un projet de A à Z. J'étais très anxieux, sans compter les deux ou trois nuits blanches que j'avais passées à boucler le projet. Bref, je commence à dérouler mon argumentaire. Dès le début, j'ai senti que les clients étaient loin d'être acquis à ma cause : je les voyais tous, très crispés sur leurs chaises, les bras croisés ou en train de se frotter le menton, dubitatifs, en attente de l'idée du siècle. Il faut dire qu'ils venaient de subir une année catastrophique au niveau des chiffres, et désiraient vraiment frapper un grand coup avec leur nouvelle campagne de pub. Je pense qu'ils m'ont dès le début trouvé trop jeune pour porter un tel projet, mais bon, mon directeur voulait aussi me tester et savoir ce que je valais. J'ai décidé de ne pas les décevoir, de les surprendre même et j'ai fait une présentation très… théâtrale. Et

puis, bon, ils ont fini par se décoincer. C'était assez flagrant visuellement. Petit à petit, ils ont commencé à se relâcher, à décroiser les bras, à prendre des notes... Ça m'a rassuré, et j'ai terminé la présentation avec encore plus d'enthousiasme. Et heureusement pour moi, cela a fonctionné... »

Xavier, 29 ans

Un peu de théorie

Se fermer pour marquer son désaccord

Les gestes de « fermeture » peuvent signifier différentes choses. Tout d'abord, ils peuvent marquer la désapprobation : par exemple, d'une personne face à son interlocuteur. On imagine bien qu'il peut être extrêmement déstabilisant de parler devant une assemblée qui a les bras croisés et qu'il doit être difficile de ne pas perdre tous ses moyens ! Surtout si ce geste est accompagné d'un recul sur sa chaise, signifiant clairement un désengagement dans l'écoute. Si en plus les jambes se croisent, alors cela signifie que la communication n'est pas loin d'être rompue ! D'autres gestes peuvent également marquer le désaccord ou du moins le doute : par exemple, le fait de regarder par-dessus ses lunettes est un geste de domination, mais connoté plutôt de façon négative, dans la mesure où il peut paraître hautain. On peut aussi, pour marquer son doute, positionner sa main moteur (la main droite pour les droitiers) en position de « barbe » : le pouce et l'index entourant le menton, avec le reste du poing dessous. Un geste plus fort encore est celui qui consiste à positionner un ou deux doigts (l'index et le majeur) sur la tempe, l'annulaire et l'auriculaire venant sur la bouche et le pouce soutenant le visage… Si vous êtes commercial, vous savez très bien que ce genre de gestuelle est plutôt un mauvais présage pour la signature d'un contrat… Mais tout cela est un peu plus complexe : cela peut aussi être une manière de décontenancer l'autre partie pour mieux négocier…

Se fermer pour se protéger

Dans un deuxième temps, on peut considérer les gestes de fermeture plutôt comme des mouvements de protection, quand on se sent en danger, ou quand on se méfie. Par exemple, si une femme se retrouve seule dans un ascenseur avec un inconnu peu rassurant, il est probable que son premier geste de fermeture sera déjà de ne pas le regarder, de faire comme s'il n'était pas là, même si l'ascenseur est petit. En effet, nous avons tendance à ne pas regarder nos voisins quand on est en situation de proximité, voire de promiscuité, avec des gens que l'on ne connaît pas. Cela nous permet d'édifier une sorte de citadelle virtuelle autour de soi et de recréer mentalement cette « zone intime » que nous avons d'habitude autour de nous (qui est à peu près de la longueur d'un bras). En général, on adopte aussi un regard lointain et un visage neutre, pour se faire oublier, pour faire comprendre à l'autre « je ne suis pas là, donc ce n'est pas la peine de me parler ». Cette absence de regard direct est d'ailleurs souvent accompagnée d'une gestuelle trahissant un retrait physique : on essaie de se recroqueviller, de prendre le moins de place possible. Ainsi, on va serrer son sac contre soi, ou encore mettre un ou deux bras en position de protection : la plupart du temps, un bras vient se placer en barrière horizontale contre le ventre, et l'autre vient se mettre en position verticale, perpendiculaire au premier bras, avec la main reposant sur ou sous le menton… pour protéger les zones vitales.

Bras droit ou bras gauche ?

Selon certains chercheurs, le fait de se protéger avec le bras droit ou le bras gauche pourrait avoir des significations différentes. On pourrait donc définir une partie de notre personnalité en observant comment nous nous protégeons quand nous sommes confrontés à un danger. Par exemple, en cas d'attaque, le fait que vous vous protégiez en présentant le bras droit (si vous êtes droitier) serait, paraît-il, un signe de soumission. En revanche, si vous le faites avec le bras gauche, il est apparemment plus probable que vous ne vous laisserez pas faire ! Car le fait de monter le bras gauche vous laisserait libre d'utiliser le bras droit, celui qui est le plus habile : celui du combat, pour contre-attaquer votre adversaire… D'autres études ont été menées sur la façon dont on croise les bras. En effet, vous avez peut-être remarqué que certaines personnes croisent les bras en mettant le bras gauche dessus, alors que d'autres ne peuvent croiser les bras qu'en mettant le bras droit au-dessus. De plus, il est intéressant de noter que tout changement dans le bras dominant est vraiment vécu comme inconfortable et pas naturel. Ce type de geste est en effet immuable. Alors qu'est-ce que cela signifie ? Apparemment, un bras gauche dominant (bras gauche sur bras droit) trahirait un profil défensif, c'est-à-dire une tendance à éviter le combat, ou du moins à réfléchir avant d'agir. Alors qu'un bras droit dominant serait caractéristique d'un profil offensif, plus agressif en cas d'attaque…

À RETENIR

Le fait de croiser les bras et/ou les jambes peut en effet être un signe de désaccord, d'autant plus fort s'il est accompagné par d'autres mouvements de fermeture : ce peut être reculer sur sa chaise, se toucher les tempes ou le front, ou encore regarder par-dessus ses lunettes. Plus les gestes se multiplient, plus la communication risque d'être rompue.

Bien évidemment, le fait de se fermer peut aussi traduire une angoisse ou une inquiétude, ou tout simplement une réaction face à une intrusion dans son espace intime, comme cela peut être le cas dans les transports en commun ou dans un ascenseur bondé. Cela peut s'exprimer par une fuite du regard, une position plus contractée ou des bras protecteurs.

La façon dont on se protège ou dont on croise les bras en dirait long sur notre profil psychologique : ainsi, si vous êtes droitier et si vous croisez les bras en mettant le gauche dessus, il y a de fortes chances pour que vous ayez un profil défensif, alors que le contraire traduirait un profil plus offensif et affirmé (à inverser si vous êtes gaucher).

Apprendre à s'observer

« La plus grande difficulté consiste à demeurer
à l'écoute de son corps. »

Joseph Messinger

Témoignage

« Il y a trois ans, je venais de rompre avec mon petit ami. Je me suis alors dit qu'il fallait que je profite de ma nouvelle liberté pour faire des choses que j'avais vraiment envie de faire. Je me suis donc inscrite à un programme de coaching personnel, dont j'avais entendu parler depuis longtemps, avec un formateur spécialisé en développement personnel, Hervé. Il m'a beaucoup aidée, m'a beaucoup écoutée, et j'ai acquis des outils bien concrets qui m'ont vraiment aidée à passer ce cap difficile.
Hervé m'a notamment appris une chose : être plus à l'écoute de mon corps. J'ai appris que mon corps disait souvent des vérités que mon esprit refusait de voir. J'ai par exemple souvent tendance à "intellectualiser" certains ressentis, mais du coup comme je suis trop dans la réflexion, je n'écoute plus mon instinct… Ce conseil, je l'ai appliqué quand je me suis sentie prête à plonger de nouveau dans "le bain des célibataires cherchant l'âme sœur". Ainsi, quand je rencontrais quelqu'un, j'essayais de ne pas trop écouter ce que me disait mon cerveau, mais j'étais plutôt à l'affût de ce que me disaient mes cinq sens, mes émotions : "Est-ce que je suis bien avec cette personne ?

Qu'est-ce que je ressens quand je suis avec elle ? Est-ce que je me sens à l'aise ?" *Et finalement, cela m'a bien servie je pense, car cela m'a évité de vivre des histoires foireuses avec des types qui me disaient pleins de belles choses, mais que mon corps (ou mon cœur ?) ne "sentait" pas vraiment… »*

Cynthia, 35 ans

Un peu de théorie

Ne pas écouter que sa tête

Dans notre société, les qualités intellectuelles et cognitives sont souvent beaucoup plus valorisées que les qualités émotionnelles : les tests de « QI », les tests psychotechniques et autres tests de logique sont souvent dans le hit-parade des tests à l'embauche, pour ne donner qu'un seul exemple. Pourtant, ce qui fait la qualité d'une personne, ce n'est pas forcément sa capacité à faire une équation à trois inconnues… L'empathie et l'intelligence émotionnelle sont aussi de bons indicateurs de la « valeur » d'une personne, de ses capacités au travail, surtout si cet individu doit avoir des responsabilités managériales, travailler en équipe et diriger des collègues. Une personne que l'on embauche peut ainsi avoir tous les diplômes et toutes les compétences possibles et inimaginables, ces dernières ne seront rien si elle est incapable d'avoir des relations sociales satisfaisantes, basées sur le respect, l'écoute et l'échange.

Le fonctionnement est le même pour décoder les gestes d'autrui : on peut connaître le langage non verbal sur le bout des doigts et être pourtant incapable de le déchiffrer correctement chez son interlocuteur. Pourquoi ?

Parce que c'est déjà en écoutant son propre corps, c'est-à-dire ses ressentis et ses émotions, que l'on pourra correctement décoder celui des autres ! En effet, si vous lisez les gestes des autres en ne vous impliquant pas vous-même émotionnellement, alors tout ce savoir ne servira à rien puisque vous n'aurez que 50 % des informations…

Prendre conscience de ses ressentis

L'observation de soi-même (ce que l'on appelle aussi l'autoscopie) est cruciale quand on veut vraiment étudier la communication non verbale. Car si la gestuelle de votre interlocuteur est importante, la vôtre l'est tout autant, voire bien plus ! Vous pouvez presque en apprendre autant sur l'autre en observant votre propre corps qu'en observant le sien ! Rester conscient de son corps, des positions qu'on prend, des gestes qu'on fait permet d'analyser ses propres réactions. Notre corps est donc un outil précieux quand il s'agit de « juger » quelqu'un d'autre, car si votre cerveau peut vous mentir, prisonnier de ses schémas, votre corps, lui, ne mentira jamais…
Vos émotions et vos ressentis ne sont en effet que le miroir de ce que l'autre vous envoie : votre corps capte les signaux que l'interlocuteur émet, et y répond de façon instantanée, sans même en prendre conscience, ou sans passer par la case « réflexion ». Si votre interlocuteur vous envoie de l'agressivité camouflée (derrière de l'humour, par exemple), alors votre corps en prendra note et vous préviendra. Vous pourrez ressentir un malaise, une gêne, ou alors une accélération du rythme cardiaque, ou encore, tout simplement une tension dans votre corps, qui se contractera comme s'il se sentait attaqué… Il sera important, dans ce cas-là, de prendre conscience de tout cela, afin de porter plus d'attention à l'autre et à sa gestuelle.

Connaître sa gestuelle personnelle

Il est donc important, quand on parle de communication non verbale, de prendre conscience tout d'abord de sa propre gestuelle. Par exemple, si vous savez qu'en cas de malaise dans une discussion, vous avez tendance à vous recoiffer compulsivement et à bouger votre jambe de façon frénétique, vous saurez mieux repérer ces gestes quand ils arriveront. Et justement, vous vous apercevrez peut-être que ces deux gestes vous sont venus naturellement quand vous avez rencontré Pierre (ou Marlène)... Cela peut signifier, sans même que votre cerveau l'ait véritablement intellectualisé, que vous avez perçu chez cette personne quelque chose qui ne vous a pas plu, ou qui vous a gêné... Tout ça grâce à votre corps ! Mais attention : cela ne veut pas dire que vous devez tout de suite couper les ponts avec elle, mais qu'il serait en revanche judicieux, à la prochaine rencontre, d'être plus vigilant, et d'observer plus attentivement ses gestes et les vôtres pour comprendre mieux et avancer dans votre relation.

Enfin, sur un plan strictement personnel, mieux connaître son corps et ses réactions, cela permet aussi de mieux répondre à ses propres besoins... En effet, alors que nous savons « seulement » ce que nous désirons, notre corps sait, lui, ce dont nous avons besoin... Ainsi, si vous ressentez de la fatigue et que vous baillez toutes les cinq minutes, sachez « décrypter » ces signaux et allez au lit, au lieu d'aller à cette soirée où vous êtes sûr de vous ennuyer... Votre corps vous dira merci !

À RETENIR

Effectivement, ce n'est pas parce que vous aurez mémorisé par cœur tous les gestes et toutes les postures décrits dans ce livre que vous saurez parfaitement décoder la communication non verbale de votre interlocuteur. Ce langage s'analyse aussi avec son corps et son cœur, en restant à l'écoute de ces derniers, car eux ne se trompent jamais…

Elles sont en effet la réponse instantanée aux signaux envoyés par notre interlocuteur. Si vous ressentez donc un malaise en la présence d'un individu (et même si sa gestuelle est ouverte ou chaleureuse), faites confiance à votre instinct, car votre corps a certainement décrypté des éléments dont votre cerveau rationnel n'a pas pris conscience…

Nous avons tous des gestes que nous reproduisons naturellement quand nous nous sentons anxieux, gênés ou mal à l'aise. Bien répertorier et analyser ces gestes permet de les repérer plus facilement et d'affiner notre grille de lecture. Mais cela permet surtout d'être à l'écoute de nos besoins plutôt que d'être toujours soumis à ceux des autres…

Travailler sa respiration et sa voix

*« C'est toujours les voix qui restent au final,
c'est aussi toujours par elles que ça commence,
une voix plus une oreille ; deux fils de soie impalpables
et un pavillon ! »*

Jean-Jacques Schuhl

Témoignage

« Il y a quelques années, après mon divorce, je cherchais une activité de détente à faire lors de mes temps libres, et je me suis naturellement tourné vers le théâtre : j'ai toujours aimé la littérature et les arts vivants, et ma nouvelle amie en faisait déjà depuis longtemps, en amateur, bien sûr. J'ai cherché en priorité des cours plutôt associatifs, avec des tarifs raisonnables, et j'ai trouvé une Compagnie de Théâtre près de chez moi. Dès le premier cours, j'ai trouvé que la pratique du théâtre était une activité très complète, que ce soit sur le plan physique ou sur le plan intellectuel : nous travaillions beaucoup avec le corps, surtout au début, pour nous permettre de nous dépasser physiquement. Nous faisions notamment des exercices de respiration à chaque séance. Amélie, la prof de théâtre et metteuse en scène, nous disait que c'était important, pour pouvoir placer notre voix, et pouvoir atteindre un certain volume sonore sans la fatiguer : en représentation, il faut en effet que tous les spectateurs, même ceux au dernier rang, puissent nous entendre ! Elle nous a donc fait travailler notre respiration

abdominale, et c'est vrai qu'on voit vraiment la différence : on a plus de souffle, notre voix porte plus loin et on ne la fatigue pas, même si on doit parfois faire semblant d'être enragé ! Du coup, quelques fois, je me fais des séances de relaxation tout seul ou avec ma copine, en travaillant sur ma respiration… Et ça marche très bien ! »

Richard, 34 ans

Un peu de théorie

Les bienfaits de la respiration abdominale

Le fonctionnement du corps humain est dirigé par ce que l'on appelle le système nerveux autonome (parce qu'inconscient), qui est lui-même divisé en deux « sous-systèmes ». Le système sympathique met l'organisme en état d'alerte, par exemple quand on se retrouve dans une situation de stress : il commande l'augmentation de la tension artérielle, musculaire et l'accélération du rythme cardiaque. Au contraire, le système nerveux parasympathique calme l'organisme, en entraînant la relaxation des muscles, la baisse de la tension artérielle et le ralentissement du cœur. Et il se trouve justement que la respiration abdominale (on parle également de respiration diaphragmatique-ventrale) est une respiration profonde, qui stimule le système nerveux parasympathique. C'est pour cette raison qu'elle est utilisée dans énormément d'activités comme le qi gong, la barre à terre, le yoga, le théâtre, le chant, la sophrologie… Car ce type de respiration a également bien d'autres effets positifs. Sur le corps à proprement parler, elle permet le renforcement de la sangle abdominale, ce qui facilite le transit intestinal et le rejet des toxines et autres déchets. Elle permet aussi une meilleure oxygénation, le volume d'air inspiré étant supérieur à la simple respiration thoracique. Enfin, la respiration ventrale aide à projeter et à timbrer sa voix sans la fatiguer, à bien la placer ce qui permet de ne pas la casser. Elle permet également de rythmer le discours pour le rendre plus fluide.

Un exercice simple pour mieux respirer

Travailler sa respiration est aussi très utile pour améliorer sa gestuelle, dans la mesure où elle calme et relaxe l'organisme, et nous aide à atteindre un état de sérénité, d'ouverture et de disponibilité. De plus, les exercices à faire sont très simples, et autre point positif, on en ressent les effets très rapidement. On vous les recommande vivement, par exemple pour vous relaxer avant une réunion ou une présentation stressante, ou même au quotidien : c'est la base de la méditation ! On peut aussi l'utiliser pour se calmer après une grosse colère ou toute autre émotion forte…

Le mieux est, au début, de faire ce type d'exercice seul, dans un endroit calme, de préférence avec une lumière tamisée, à un moment où vous savez que vous ne serez pas dérangé. Il faut se mettre à l'aise (éviter les vêtements serrés par exemple) et s'allonger sur un sofa ou par terre et se couvrir avec une couverture pour ne pas avoir froid. La respiration abdominale fait travailler le diaphragme, le muscle principal de la respiration. Pour le sentir, mettez vos mains à plat sur les hanches : vos pouces, placés vers le haut, doivent s'écarter quand vous prenez votre inspiration (par le nez) en gonflant le ventre. Répétez cet exercice 10 fois, en faisant bien attention d'expirer l'air par la bouche tout en creusant le ventre, le plus lentement possible. Il est toutefois préférable d'arrêter si vous sentez des symptômes d'hyperventilation (fourmis, sensations d'éblouissement, d'engourdissement, etc.).

Parler en public

La respiration abdominale est un outil précieux pour quiconque doit s'exprimer en public : elle aide à diminuer le trac ressenti, en calmant les battements du cœur, les tensions et les crispations, et apporte du rythme, du timbre et de la puissance vocale à celui qui parle. Avant une réunion importante, vous pouvez, on l'a dit, prendre quelques minutes pour respirer. Si vous le pouvez, allongez-vous, sinon, vous pouvez également le faire debout, les pieds bien ancrés dans le sol, écartés seulement de la largeur du bassin, pour un bon équilibre. Gardez d'ailleurs cette posture pour le début de votre intervention, car c'est à travers cette attitude, symétrique, que transparaîtra votre maîtrise du sujet, quitte à vous détendre un peu plus par la suite.

Au niveau du discours lui-même, il est important que vous posiez votre voix, mais surtout que vous ralentissiez votre débit, pour vous rendre intelligible, mais aussi pour ne pas vous essouffler. Prenez votre temps, mais gardez tout de même un certain dynamisme. Vous pouvez prendre exemple sur Barack Obama : alors que le débit moyen est de 140 mots par minute, il culmine à 118 mots par minute pendant ses discours ! Attention cependant à ne pas paraître trop théâtral : ce qui sied à un président des États-Unis ne sied pas forcément à un manager en réunion d'équipe ! Enfin, n'ayez pas peur des silences : faire des ruptures dans son discours est la meilleure façon de capter de nouveau l'attention d'un public un peu dissipé…

À RETENIR

La respiration abdominale est la respiration que nous utilisons naturellement quand nous sommes couchés, prêts à dormir : c'est celle qui calme l'organisme en ralentissant le rythme cardiaque et en diminuant les tensions musculaires et vasculaires. C'est donc un outil tout trouvé pour de nombreuses activités basées sur le bien-être et le corps.

Bien respirer est simple. Il suffit de se mettre à l'aise, dans un endroit calme, de préférence couché, et de prendre de longues inspirations (par le nez) en gonflant l'abdomen : votre main doit se lever quand elle est positionnée sur votre ventre. Attention également à l'expiration, qui se fait par la bouche, et qui doit être aussi longue.

Il est recommandé de bien respirer avant et pendant une réunion ou une présentation, notamment pour diminuer son stress et augmenter la portée et le timbre de sa voix. N'hésitez pas, également, à bien réguler votre débit : mieux vaut parler lentement que trop vite. Ménager des silences est également utile pour recapter l'attention du public.

La voix, un second visage ?

« C'est fou comme la voix peut dire d'une personne qu'on aime – de sa tristesse, de sa fatigue, de sa fragilité, de son intensité de vivre, de sa joie. »

Philippe Delerm

Témoignage

« Je suis musicien, je fais de la guitare et de la basse dans un groupe de rock. En fait, au départ, on avait un groupe presque au complet, mais il ne nous manquait que le chanteur, parce que si moi je sais composer la musique et les paroles, je suis vraiment nul pour chanter : ma voix a l'harmonie… disons d'une crécelle, et en plus je ne supporte pas de m'entendre dans un micro. Alors on a passé des castings pour trouver un chanteur ou une chanteuse qui correspondrait au style des chansons que nous faisions, qui étaient plutôt pop-rock. On a vu beaucoup de gens, mais il nous était en fait difficile de choisir, car chaque chanteur apportait quelque chose de différent aux chansons, en fonction de sa voix, de son interprétation, de ce qu'il comprenait des chansons et de ce qu'il voulait faire passer au public. Comme on n'arrivait pas à se décider, on a conclu qu'il fallait continuer à chercher, parce que tant qu'on ne se disait pas "c'est lui" *ou* "c'est elle" *sans hésiter, c'est que ce n'était pas la bonne personne. Et finalement, on a fini par trouver la perle rare en la personne de Bonnie, une chanteuse de jazz qui voulait changer un peu de registre*

et faire du rock. On a eu comme un coup de foudre vocal pour cette fille : en l'entendant, on ressent beaucoup de choses ! On sent qu'elle a roulé sa bosse, elle a une voix chaude, sensuelle, un peu rocailleuse, c'est-à-dire exactement ce dont on avait besoin ! Elle donne une profondeur à nos chansons qu'on n'espérait pas… »

Yvan, 25 ans

Un peu de théorie

La voix, une empreinte vocale unique

La voix est, en effet, un attribut personnel et unique. De fait, elle transmet beaucoup d'informations sur chaque individu, souvent inconsciemment, car il est très difficile de la changer réellement ou de la contrôler totalement. La voix d'une personne transmet donc des messages sur son sexe, son âge, sa personnalité, son état émotionnel, ses intentions, ou encore son origine (notamment à travers l'accent)… En fait, on pourrait même dire que la voix a deux facettes : une facette qui ne change pas (ou peu, ou avec l'âge), et qui fait que l'on peut facilement la reconnaître parmi d'autres, et une facette qui change constamment, selon ce que l'on ressent, selon les personnes à qui l'on parle où les situations dans lesquelles on se trouve, sans oublier notre état physiologique (elle sera enrouée si l'on est malade), etc.

D'une manière générale, la voix peut être analysée à travers plusieurs éléments, qui vont lui donner sa tonalité si changeante et si personnelle. Ainsi, on peut analyser la rapidité de son débit, qui sera évalué selon le nombre de mots prononcés en une minute (la moyenne étant d'environ 140 mots par minute). On peut analyser son ton (agressif, plaintif…), son volume (haut ou bas), ou encore sa fréquence (grave ou aiguë). Mais notre voix peut jouer d'autres variations, en relation directe avec la signification des mots qui sont prononcés. Par exemple, une question ou une exclamation se distinguera d'une affirmation par le ton de voix ascendant en fin de phrase.

Voix et émotions

Notre voix va donc transmettre des éléments sur certains composants stables de notre personnalité. Par exemple, des personnes sûres d'elles, assertives et extraverties parleront d'une voix plus forte et assurée, avec un débit rapide (sans trop de pauses) et des modulations plus amples. Leur aisance et leur confiance en eux est facilement repérable. Au contraire, des personnes effacées et introverties auront une voix plus plate, moins marquée, et avec un volume bien moindre.

Ensuite, notre voix va transmettre aux autres des éléments sur notre état émotionnel : la voix peut même révéler plus d'émotions que le visage, dans la mesure où l'on apprend mieux à contrôler les mimiques de son faciès que les intonations de sa voix. D'ailleurs, il vous est sûrement déjà arrivé de capter, rien qu'en entendant sa voix, que votre interlocuteur était triste ou contrarié même s'il affirmait le contraire. Ainsi, si l'on reprend les quatre émotions de base, elles sont toutes associées à un profil vocal spécifique. La peur s'exprime par une augmentation du volume, du ton, et par un rythme très irrégulier, calqué sur une respiration plus hachée. La tristesse, elle, s'exprime par un ton plutôt bas, des pauses longues entre les mots et un rythme beaucoup plus lent. L'affection se caractérise, elle, par un rythme régulier, une tonalité grave et un volume plutôt bas. Et l'agressivité, enfin, ressemblera beaucoup à la peur, avec un volume sonore élevé, un débit rapide et un rythme haché et irrégulier…

Voix féminines et masculines

Mais les émotions ne sont pas les seules informations qui sont transmises par notre voix. On peut également deviner quel est le sexe d'une personne grâce à elle. Ainsi, en règle générale, on arrive facilement à différencier un homme d'une femme, rien qu'en entendant sa voix : les hommes ont, sans surprise, une voix plus grave que celle des femmes. Il y a évidemment des raisons anatomiques à cela (selon la tension et l'épaisseur des cordes vocales), mais ce ne seraient pas les seules raisons qui expliqueraient les différences entre les voix féminines et masculines. Les femmes, notamment auraient un panel de variations vocales plus large que les hommes (en d'autres termes, leurs voix seraient plus expressives, plus riches), mais surtout, elles souriraient plus, ce qui aurait pour effet immédiat de rendre leur voix plus aiguë. Et oui, le sourire s'entend, ce que savent la plupart des personnes qui doivent travailler régulièrement au téléphone...

À propos des voix féminines, plusieurs études montrent, d'ailleurs, que les hommes supporteraient moins bien les voix aiguës que les voix graves : ils seraient moins attentifs et plus vite fatigués par un discours prononcé d'une voix aiguë... Mesdames, si vous devez vous adresser à un groupe d'hommes, adoptez un ton plus monocorde que d'habitude, évitez surtout les sons stridents (associés à l'hystérie féminine pas forcément appréciée !) et essayez de rendre votre voix plus grave, car vous serez sans doute mieux écoutées par ces messieurs...

À RETENIR

La voix est comme une signature, propre à chacun de nous, bien qu'elle soit en même temps extrêmement fluctuante (à travers son débit, sa fréquence, sa tonalité...). Elle peut ainsi changer suivant la personne à qui on s'adresse, suivant les émotions que l'on ressent et l'environnement dans lequel on se trouve ou encore suivant notre état physiologique...

La voix révèle donc des informations sur notre personnalité, mais aussi sur notre état émotionnel : il est en effet très difficile de déguiser sa voix pour cacher ses émotions, chacune d'elles provoquant automatiquement des variations spécifiques de ton, de débit, de rythme ou encore de volume, aisément reconnaissables par notre interlocuteur.

Les femmes ont une voix plus aiguë que les hommes. Mais cela ne serait pas seulement dû à des différences anatomiques. Des études tendent à prouver que les femmes auraient ainsi une plus grande tendance à sourire, ce qui rendrait leur voix plus aiguë. Elles feraient aussi passer plus d'émotions à travers leurs voix, ce qui les rendrait moins monocordes.

Le langage corporel de la tristesse

« Les larmes qui coulent sont amères, mais plus amères encore sont celles qui ne coulent pas. »

Proverbe gaélique

Témoignage

« Je travaille depuis deux ans dans une boîte bordelaise comme assistante de direction, je me retrouve donc tous les jours que Dieu fasse avec le grand patron. Ce type m'a souvent paru extrêmement antipathique à vrai dire, voire insupportable. En fait, il est très narcissique et parle beaucoup en "Moi, je", ce qui a évidemment le don de m'énerver.

Il y a un mois, alors que je travaillais, il est arrivé dans mon bureau en vociférant, et en me balançant le travail de toute une matinée dans la figure, avant de repartir dans son bureau. Ça a été la goutte qui a fait déborder le vase. Je me suis promis que je devais lui dire ce que j'avais sur le cœur, et je suis entrée dans son bureau. Et là, surprise, je l'ai vu recroquevillé sur son siège, la tête dans ses mains et prêt à pleurer. Du coup, ça m'a tellement sidérée que j'ai abandonné toute agressivité tout de suite. Je l'ai même consolé ! Il m'a alors dit que sa femme le quittait, et qu'il était au fond du gouffre : il s'est vraiment ouvert à moi avec beaucoup de sincérité, en mettant même en cause sa personnalité, qu'il sait difficilement supportable. Ça m'a fait de la peine pour lui, et en même temps j'étais contente qu'il soit un peu lucide sur lui-même : je crois que la perte de sa femme lui faisait se poser beaucoup de questions. Plus tard, il m'a remerciée de l'avoir écouté. Je lui ai quand même dit ce que je voulais lui dire, mais beaucoup plus en douceur… Depuis, nos rapports sont beaucoup plus cordiaux. »

Annabelle, 29 ans

Un peu de théorie

La tristesse, une étrangeté évolutionniste ?

La tristesse est généralement provoquée par la perte de quelque chose ou de quelqu'un, c'est même une étape indispensable du processus normal de deuil ou de séparation. C'est une émotion qui peut facilement devenir sentiment, car la tristesse se prolonge très souvent (alors qu'une émotion, par définition, doit rester brève). Elle peut même mener à des états dépressifs importants. Et même sans aller jusqu'à la dépression, on peut parler de mélancolie, de déprime, de spleen, ou encore de nostalgie quand on se sent triste. En plus on peut même l'être sans vraiment savoir pourquoi ! Alors à quoi cela sert-il d'être triste ?

En effet, si on se pose dans une optique évolutionniste, la tristesse doit avoir une fonction ; sans cela, cette émotion n'aurait pas « survécu » à l'évolution. On peut étudier maintenant les deux fonctions principales de la tristesse : premièrement, elle peut avoir une fonction d'apaisement du conflit en stimulant l'empathie (par exemple, on est en colère contre quelqu'un, on le voit triste ou en train de pleurer, et de ce fait on perd toute agressivité, on s'adoucit, on éprouve un sentiment de sympathie pour lui, on a envie de le consoler). Ensuite, la tristesse aurait une fonction de réflexion sur soi : quand on est triste, on a tendance à se retirer du monde, à ne plus voir ses amis ou à moins s'exprimer. Cet isolement permettrait donc de se retrouver avec soi et de réfléchir à ses soucis. Être triste nous aiderait donc à prendre du recul sur les choses…

Les gestes et le visage de la tristesse

Cette notion de recul et de retrait est importante dans la gestuelle de la tristesse. En effet, sous le coup d'une telle émotion, le corps a tendance à se recroqueviller et à s'affaisser, comme si inconsciemment on voulait se soustraire au monde, ou du moins prendre le moins de place possible. On se sent tellement mal qu'on aimerait disparaître. D'ailleurs, on a souvent tendance à vouloir être seul quand on est triste, ce qui ne nous aidera pas car c'est au contraire le fait de se sentir soutenu et aimé par nos proches qui peut nous aider et nous changer les idées. Comme quoi, on peut désirer quelque chose et avoir besoin d'autre chose…

Au niveau de la tête, on assiste aussi à une tentative d'isolement : les mains sur la tête, les yeux quelquefois fermés ou du moins baissés, le regard dans le vague, tout participe à un objectif : s'absenter de soi-même et du monde. Le visage s'affaisse également : la bouche (via les commissures des lèvres) tire vers le bas. D'ailleurs, si vous pensez à l'« émoticone » de la tristesse (qui est représenté comme ceci : :( ), c'est ce détail en particulier qui nous indique que ce visage, même très simplifié, est triste. Enfin, pour ceux qui veulent confondre les simulateurs de la tristesse, c'est au niveau des sourcils et du front qu'il faut regarder : les sourcils prennent une position oblique, ce qui a pour effet de faire plisser le front. Ce mouvement est normalement très difficile à refaire, quand on n'éprouve pas vraiment cette émotion…

Les larmes, une autre curiosité du corps humain

Bien sûr, il est impossible de parler des signes de tristesse sans parler des larmes. On sait que la joie peut aussi parfois provoquer des larmes chez certaines personnes, surtout si cette joie est teintée de tristesse ou de nostalgie, et que ces larmes peuvent apparemment servir à évacuer

une sorte de trop-plein psychique. D'après certaines études, pleurer de tristesse serait même bénéfique et contribuerait à évacuer cette émotion plus rapidement, comme l'illustre d'ailleurs très joliment le proverbe « *Les larmes qui coulent sont amères, mais plus amères encore sont celles qui ne coulent pas.* » Les larmes ressembleraient donc à une sorte de protection psychique. D'ailleurs, il semblerait que nous sachions cela inconsciemment. Par exemple, il nous paraît souvent inquiétant de voir une personne faire face à un deuil sans verser une larme, car on a alors l'impression qu'elle n'arrivera jamais à faire son deuil si elle n'extériorise pas sa tristesse.
D'ailleurs à un niveau physiologique, les larmes de tristesse sont très différentes des larmes qui se trouvent naturellement dans nos yeux pour en enlever les impuretés : elles sont chargées de toxines provoquées par le stress et nous aident ainsi à les évacuer. De même, le message nerveux qui provoque les larmes serait aussi responsable de la production d'antalgiques naturels, qui calmeraient notre douleur… Alors la prochaine fois que vous êtes triste, n'hésitez pas à pleurer, c'est apparemment bon pour la santé…

À RETENIR

On se sent généralement triste quand on a le sentiment d'avoir perdu quelque chose ou quelqu'un. L'émotion est alors souvent proportionnelle à notre attachement pour ce qui a été perdu, et peut même se transformer en sentiment profond. Car la tristesse est susceptible de provoquer des ruminations, qui nourrissent à leur tour le sentiment de tristesse…

En fait, la tristesse permet en effet de prendre du recul sur soi et de se poser des questions importantes (parfois trop, il est vrai !). La gestuelle va d'ailleurs dans ce sens : le corps et le visage sont affaissés, en retrait. Mais ces mimiques sont aussi là pour provoquer la sympathie de ceux qui en sont témoins, ou même calmer leur agressivité.

Les larmes seraient un moyen physiologique pour évacuer les toxines liées au stress des émotions négatives. Elles pourraient calmer la douleur « psychique » que l'on ressent, en évacuant la tension qui y est liée. Elles seraient également à mettre en relation avec la production dans notre corps d'antalgiques naturels, qui sont en fait des antidouleurs.

Le langage corporel de la colère

« L'important n'est pas la manière dont l'injure est faite, mais celle dont elle est supportée. »

Sénèque

Témoignage

« Je ne suis pas quelqu'un de très colérique. À vrai dire, en règle générale, mes amis m'admirent plutôt pour mon sang-froid et ma capacité à prendre du recul afin de ne pas devenir agressive. La seule fois où je me suis vraiment énervée, c'était contre un type, Grégory, avec qui je vivais à l'époque en colocation. Nous étions quatre dans une grande maison, et nous partagions ainsi les frais de location, d'énergie, de nourriture, etc. À vrai dire, dès le début, ça ne s'était pas bien passé avec Grégory : il était très spécial, hautain, peu sociable, et toujours à discourir sur "les gens qui font n'importe quoi, qui profitent du système, etc." *Je le trouvais gonflé, parce que lui-même profitait du système. Il était au chômage depuis plus d'un an, mais faisait du "black" à côté : du coup, il gagnait plus que moi, qui travaillais dans un magasin de fringues. Un jour, il a dépassé les bornes en critiquant de façon injustifiée mon frère, qui était au chômage depuis quelque mois, en le traitant de fainéant. J'ai commencé à serrer les poings, je me suis levée, tendue comme un arc, je me suis approchée de lui, et je crois bien que je l'aurais frappé si je ne m'étais pas retenue à temps. Je lui ai finalement crié de dégager le plancher.*

D'ailleurs, en y repensant encore maintenant, je sens mon cœur qui s'emballe et j'ai encore mes poings qui se serrent ! Heureusement, il est parti peu après de la colocation… À croire que je lui ai vraiment fait peur, à cet emmerdeur ! »

Alexia, 35 ans

Un peu de théorie

Les gestes de la colère

La colère a deux fonctions distinctes mais simultanées : dans un premier temps, elle permet de préparer son corps en cas d'attaque imminente, et sert également à avertir l'autre de l'immédiateté de cette attaque, c'est-à-dire qu'elle l'intimide pour justement le dissuader et éviter le conflit. Ainsi, quand on est en colère, notre organisme entier se mobilise pour « effrayer » l'autre. Notre volume sonore augmente, notre visage devient menaçant : on a les lèvres serrées, les sourcils et la mâchoire contractés, et une rougeur caractéristique peut même empourprer le visage et le cou. Cette rougeur vient notamment du fait que nos vaisseaux périphériques se dilatent pour faire passer plus de sang : d'où cette impression de chaleur qui se répand en nous.

Au niveau du corps, le même phénomène se produit : nous devenons tendus, crispés, comme si nous n'attendions qu'un seul signal pour frapper. Et effectivement, des études ont montré que le cœur se mettait à battre plus vite pour mieux irriguer les membres, afin de mieux attaquer. Les poings et les bras, notamment, bénéficient à ce moment-là d'une augmentation de leur tonus musculaire (d'où les poings serrés). Pour intimider l'autre, nous pouvons même aller jusqu'à nous imposer tout près de lui, sur son territoire, son espace intime. D'ailleurs, c'est souvent à ce point de la confrontation que le débat peut s'envenimer, car l'autre, se sentant aussi attaqué sur son intégrité, peut alors se mettre en colère à son tour…

Des colères différentes ?

La colère fait bien partie des émotions de base, tout comme la peur ou la joie. Cependant, il faut préciser une chose : si la colère en elle-même est une émotion éprouvée de façon universelle (on se met en colère partout dans le monde), la façon dont elle se manifeste peut varier énormément d'une personne à l'autre. Est-ce culturel ? Individuel ? Nous n'avons pas la réponse absolue et définitive à cette question, mais on peut cependant apporter quelques éléments de réponse…

Par exemple, il est communément admis que les femmes sont moins agressives que les hommes (ou d'une agressivité plus détournée, plus passive, plus intérieure). Cela viendrait d'une part de la génétique (les femmes produisent moins de testostérone que les hommes, une hormone qui augmente l'agressivité), et d'autre part de notre culture. En effet, alors que les rapports de force entre hommes sont plutôt valorisés (notamment à travers le culte de la compétition), ces mêmes démonstrations de force sont plutôt découragées chez les filles. Ainsi, la colère et ses comportements violents ne correspondraient pas à l'image de la femme classique, qui se doit d'être douce et séductrice…

Si l'on analyse la colère d'un point de vue culturel, là encore, cette émotion peut être inhibée ou valorisée selon les cultures. En Asie, par exemple, se mettre en colère est très mal vu. Le conflit est considéré comme socialement inacceptable, parce que ces sociétés valorisent la communauté « aux dépens » de l'individu.

Quand on ne peut pas se mettre en colère…

Mais la colère n'est pas seulement une question de culture, de génétique ou de sexe : c'est aussi une question d'adversaire ! Effectivement, des études prouvent que nous avons tendance à inhiber notre colère face à quelqu'un de beaucoup plus fort que nous. L'évaluation de l'autre se fait instantanément, et notre corps choisit – ou pas – de donner une suite immédiate à notre émotion. Ainsi, nous « choisissons » nos adversaires, de manière à lutter à armes au moins à peu près égales, même si cela dépend aussi de la situation et de la personnalité de chacun. Ainsi, face à quelqu'un de plus costaud qui serait susceptible de crier plus fort que nous (ou que la décence nous empêche de frapper, comme une personne âgée ou un enfant) nous allons parfois mettre en place d'autres mécanismes de défense... Le plus fréquent de ces mécanismes utilisés est le « déplacement » : nous allons déplacer la colère vers un autre objet que celui qui l'a provoquée : par exemple, nous allons nous venger sur notre conjoint, ou sur la poubelle des toilettes... qui tous deux, n'avaient rien demandé et étaient parfaitement innocents ! D'autres personnes, plus mûres émotionnellement, vont, elles, faire du sport, ce qui leur permettra de décharger toute l'énergie qu'elles ont emmagasinée, de façon ritualisée et encadrée (la boxe est par exemple un sport où l'agressivité est ritualisée). D'autres, enfin, vont retourner cette colère contre eux-mêmes, en compensant par la nourriture ou les maladies psychosomatiques...

À RETENIR

La colère a deux objectifs distincts mais complémentaires. Ainsi, notre corps se mobilise pour intimider l'autre et se préparer au combat si les manœuvres d'intimidation échouent. Le cœur bat plus vite, notamment pour bien irriguer les bras et les poings, et notre gestuelle devient dominante pour faire céder ou faire fuir notre adversaire.

En effet, la colère est ressentie de la même façon partout évidemment, mais ne se concrétise pas de la même manière pour tout le monde : chez les femmes notamment, ses manifestations physiques sont beaucoup plus inhibées. Dans certaines cultures également, la colère fait tache dans le groupe et est donc réprimée, pour le « bien » de tous.

Il existe des cas où « on ne se sent pas » de se mettre en colère, par exemple parce que la personne en face est beaucoup plus forte ou plus faible que nous (notre instinct de survie ou notre correction nous stoppent). Dans ces cas-là, nous allons souvent déplacer cette colère vers d'autres sujets, qui peuvent être un collègue, le conjoint, voire nous-mêmes…

Le langage corporel de la peur

« La peur naît à la vie plus vite que toute autre chose. »

Léonard de Vinci

Témoignage

« La plus grande peur de ma vie, je l'ai eue en voiture, comme la plupart des gens je suppose ! J'étais avec une amie et nous roulions vers la plage, un beau et long week-end de juin. Il n'y avait pas grand monde et nous faisions les idiotes dans la voiture, comme des gosses. À vrai dire, je ne sais plus trop à quelle vitesse nous roulions, mais je devais aller assez vite : personne sur la route, du beau temps… je n'ai pas fait attention.
Et puis à un moment donné, une voiture a surgi d'un petit chemin sur la droite, à une intersection que je n'avais pas remarquée. Elle aurait dû me laisser passer puisque j'étais sur un axe prioritaire, et c'est certainement la raison pour laquelle je n'y ai pas prêté attention. Bref, quand je l'ai enfin vue, elle était déjà très proche, trop proche en fait, et j'ai senti mon cœur faire un bond dans ma poitrine. En un réflexe, j'ai tourné le volant vers la gauche pour l'éviter, et je me rappelle très bien avoir fermé les yeux, peut-être pour ne pas voir ce qui allait se passer. Ma voiture a dérapé et nous avons fait un tonneau, avant que le cul de la voiture ne termine dans un fossé peu profond. Quand j'ai ouvert les yeux, j'ai d'abord vérifié que nous n'avions rien, et à part quelques contusions, c'était un

miracle, nous étions indemnes. J'ai alors éclaté en sanglots en tremblant de tous mes membres, à la pensée que nous aurions pu mourir. Je crois que c'est à ce moment-là que j'ai réalisé que j'avais eu vraiment, vraiment peur… »

Alicia, 28 ans

Un peu de théorie

La peur réflexe

La peur est la plus fondamentale de toutes les émotions parce qu'elle est directement liée à notre instinct animal de survie. Mais toutes les peurs ne sont pas les mêmes. Effectivement, on peut distinguer deux types de peur : la peur réflexe et la peur « apprise ». La peur réflexe, c'est celle que l'on ressent par exemple lors d'un accident de voiture : c'est celle qui nous fait réagir instantanément face à un danger, sans réfléchir, sans même que nous ayons vraiment conscience d'avoir agi. Souvent, les victimes le disent elles-mêmes : on ne réalise vraiment qu'on a eu peur que lorsque le danger est écarté, c'est-à-dire une fois qu'on a pu véritablement « penser » à ce qu'on a vécu. Cette peur-là est la plus primitive, la plus « reptilienne » aussi, dans la mesure où la réaction (par exemple, le fait de tourner le volant pour éviter un accident) est purement automatique et instinctive : elle ne fait intervenir aucune sorte de raisonnement. Cette peur-là est, la grande majorité du temps, liée à une menace sur notre intégrité physique ou à quelque chose d'inconnu et d'inattendu, auquel on ne s'attendait pas. C'est celle qui vous fait sursauter quand une porte claque ou quand quelqu'un vous surprend en posant une main sur votre épaule. Ces réflexes automatiques ont un avantage évident : dans certains cas, il serait trop long, voire dangereux de prendre le temps de réfléchir à la meilleure chose à faire ! Cette peur-là a donc un grand impact sur notre comportement non verbal.

Les gestes de la peur

Nous allons donc surtout parler de la gestuelle liée à la peur réflexe. Cette peur est, on l'a vu, liée à notre cerveau reptilien (le cerveau de survie), qui n'est pas un cerveau axé sur la réflexion, bien au contraire. En fait, le cerveau reptilien est plutôt « bête », car il ne peut intégrer de comportement nouveau. Quand il a peur, le cerveau reptilien ne peut agir que de trois façons différentes : soit il commande de fuir, soit il commande d'attaquer, soit il préfère que l'on « fasse le mort », c'est-à-dire qu'on ne bouge pas. Dans tous les cas, il va nous pousser à mettre notre corps en état de forte vigilance pour que l'on puisse réagir au quart de tour : nos cinq sens vont s'aiguiser (nos yeux par exemple vont s'agrandir), notre cœur et notre respiration vont s'accélérer et notre sang va déserter le haut du corps pour affluer vers les jambes, pour pouvoir courir, si besoin (c'est donc la raison pour laquelle notre visage pâlit quand nous sommes effrayés). En revanche, si le danger devient vraiment imminent (comme dans un accident de voiture), le corps va tenter de se protéger : les yeux se ferment, les bras se mettent en position de protection devant les endroits vitaux, les genoux peuvent remonter devant le ventre et le corps se gaine et se contracte pour accueillir les chocs dans les meilleures conditions (même les testicules de ces messieurs remontent pour se mettre à l'abri !). Comme quoi, finalement, le cerveau reptilien n'est pas si idiot que ça !

La peur apprise

La peur « apprise » s'apparenterait plus à une sorte d'anxiété ou à de l'angoisse. C'est celle qui nous fait dire, par exemple : *« J'ai peur de voir le patron pour lui demander une augmentation. »* Elle s'appuie beaucoup sur la personnalité, sur des blocages psychologiques et sur la façon dont chacun voit le monde, plus que sur l'instinct de survie à proprement parler (même si elle peut aussi y être liée, comme la peur de la mort). Les peurs apprises sont, de fait, propres à chacun. Les angoisses, ou encore les phobies, sont souvent consécutives à un traumatisme, conscient ou inconscient, qui a marqué la personne très profondément, et qui resurgissent, par exemple, à certains moments qui peuvent rappeler le traumatisme subi. C'est en cela qu'elles sont « apprises ».

Peurs et angoisses sont donc deux choses différentes en théorie (même si dans les faits, elles peuvent être confondues...). Effectivement, la peur est une réaction plutôt brève, consécutive à un événement précis, et donnant lieu à une communication non verbale qui correspond à cette émotion, qui est plutôt stéréotypée et primitive. L'angoisse, elle, se focalise le plus souvent sur des événements à venir ou attendus (donc « irréels » à l'instant où on la ressent). Elle s'assimile à l'appréhension. Elle peut durer longtemps, par exemple toute une vie, et n'avoir pourtant aucun fondement réel. Enfin, elle peut donner lieu à des comportements et des réactions très diverses (se ronger les ongles...) et non stéréotypées.

À RETENIR

La peur que l'on peut ressentir en situation de danger est exactement la même que celle que les autres espèces animales ressentent : c'est celle qui nous fait agir pour survivre de façon instantanée. Elle est liée à notre cerveau reptilien, le plus primitif, et agit directement sur notre comportement, sans que notre cerveau passe par la case « réflexion ».

Ainsi, la peur réflexe nous pousse à adopter des comportements stéréotypés, qui varient selon les situations. Mais dans tous les cas, cette émotion nous prépare à agir dans l'urgence, en augmentant notre niveau de vigilance d'une part, et d'autre part en faisant en sorte que notre corps se protège le plus possible en cas de menace physique.

L'autre type de peur que l'être humain peut ressentir est un sentiment plus diffus, s'apparentant plus à de l'angoisse, à de l'anxiété, ou même aux phobies. Toutes ces « peurs » provoqueraient des réactions plus psychologiques que réellement physiques. Enfin, les angoisses sont propres à chacun, puisqu'elles sont souvent liées à des traumatismes personnels.

Le langage corporel de la joie

« Si tu pleures de joie, ne sèche pas tes larmes,
tu les voles à la douleur. »

Paul-Jean Toulet

Témoignage

« La dernière fois que j'ai ressenti une grande joie, c'était lorsque notre équipe, l'Olympique de Marseille, a gagné le championnat, en 2010. J'étais au stade pour le dernier match… je crois que je n'aurais manqué cela pour rien au monde ! Et je crois bien que je m'en rappellerai toute ma vie… On avait de l'avance et on sentait qu'on allait être les champions (et mettre au placard toutes ces années d'amertume footballistique !). Et avant même que le match finisse, j'ai commencé à sentir une énergie incroyable dans mon corps, une énergie relayée par toutes les autres personnes qui m'entouraient… J'avais l'impression d'être plein de chaleur, de vitalité… presque de violence ! Et quand l'arbitre a sifflé la fin du match… Pfff, ça a été comme une explosion ! Je me rappelle bien avoir regardé mon voisin (que je ne connaissais pas mais je m'en foutais !) avec des yeux écarquillés de bonheur et déjà embués par les larmes, et lui avoir sauté au cou dans un grand cri de bonheur ! C'était presque animal, et pourtant tellement beau, tous ces gens qui s'étreignaient pour partager ce moment de bonheur et de joie intenses… Il n'y avait plus de races, plus de jeunes, plus de vieux, tout le monde félicitait et

aimait tout le monde, c'était vraiment magique... Et ça a continué ainsi toute la nuit, sur le Vieux Port... J'ai passé ce soir-là une des meilleures soirées de ma vie, même si le lendemain a été un peu rude à cause d'une gueule de bois, partagée par tous les Marseillais ! »

Medhi, 21 ans

Un peu de théorie

La joie, une émotion capitale

En effet, la joie est essentielle, dans la mesure où c'est la seule émotion de base connotée de manière positive. Ainsi, à côté de la peur, de la tristesse et de la colère (sans parler du dégoût...), la joie doit se sentir bien solitaire ! Bien sûr, l'émotion « joie » se décline elle-même sous différentes formes, en fonction de son intensité ou encore de sa durée : on parle ainsi de félicité, de bonheur, de plaisir, de bien-être, de bonne humeur, d'optimisme... Mais aucun de ces sentiments/émotions ne rivalise avec la joie, car c'est cette dernière la plus intense de toutes.

Mais à quoi sert la joie ? Tout simplement à fêter un événement positif, que ce dernier soit une victoire contre un adversaire, la naissance d'un enfant, ou encore un mariage heureux, la réussite à un examen, des retrouvailles... La joie a en fait plusieurs « fonctions », la principale étant de nous faire partager cet état avec les autres... Cette fonction est flagrante par exemple dans le cas d'un match de football : il n'y a en effet qu'à regarder les supporters d'une équipe victorieuse pour s'en apercevoir très vite ! D'ailleurs, ne vous est-il jamais arrivé d'apprendre une bonne nouvelle et d'être frustré de ne pas pouvoir la partager parce que vous étiez seul et que vous ne pouviez joindre personne ? La joie est l'émotion que l'on partage le plus facilement : c'est l'émotion de l'attachement, du plaisir, de l'amour en général. Et même le fait de la partager la prolonge et la renforce…

Les gestes de la joie

il est donc logique que les gestes liés à nos moments et à notre sentiment de joie soient quasiment tous dirigés vers les autres, de façon à partager celle-ci le mieux possible : nous nous prenons dans les bras ou nous nous étreignons. La joie nous amène également à faire beaucoup de gestes ascendants (du bas vers le haut), comme si, dans cet état, nous avions l'impression d'être plus grands, plus forts. On a l'impression d'être sur un nuage. D'ailleurs, c'est souvent le cas : on se sent facilement invulnérable, et surtout on prend confiance en nous, quand on éprouve une grande joie, et cela se reflète dans notre gestuelle, très assertive (très affirmée). Si on reste dans le domaine du sport, il suffit d'observer les footballeurs qui mettent un but pour s'en convaincre : leur premier geste est souvent de brandir un poing victorieux ou deux vers le ciel… avant de se faire sauter dessus par les autres membres de l'équipe ! Même chose pour les supporters, qui sautent naturellement de leurs gradins (ou de leurs fauteuils) pour fêter la victoire…

Au niveau du visage, la joie est également une émotion qui provoque une dilatation et une expansion de nos traits. Ainsi, on écarquille nos yeux, on ouvre notre bouche (pour crier la plupart du temps), ce qui donne un visage plus « dilaté » et donc plus avenant. D'ailleurs, symboliquement, plus on dilate notre visage, plus on ressemble à un bébé : de grands yeux, un visage joufflu… ce qui nous rend plus sympathiques, forcément !

Des larmes de joie…

Cependant, il est également vrai que dans certains cas, il peut nous arriver de pleurer quand nous éprouvons une grande joie, ce qui peut paraître paradoxal, tellement les pleurs sont habituellement associés à la tristesse. Il nous est tous arrivé de pleurer lors d'un mariage par exemple, et ce, même quand, parfois, on ne connaît pas très bien les mariés (allons, cela nous est tous arrivé…) ! Alors pourquoi pleure-t-on quand on est très heureux ?

Les scientifiques, à vrai dire, ne sont pas très sûrs quant à la fonction ou la cause de ces larmes. Certains avancent que les larmes de joie, symboliquement et physiquement, nous aideraient à évacuer un « trop plein » d'émotions, c'est-à-dire une tension psychique très intense. Cela expliquerait les larmes de ceux qui sont reçus à un examen par exemple, puisque les larmes représenteraient alors le relâchement de toute la tension et la concentration liée au stress. Elles ne seraient donc pas directement liées à la joie mais à une émotion plus complexe.

D'autres pensent que les larmes sont dues au fait que la joie n'est pas pure au moment où on pleure, et qu'elle est ainsi mélangée à un peu de tristesse, aux souvenirs de souffrances passées, ce qui paraît tout à fait plausible. Cela peut ainsi expliquer que l'on pleure lorsque l'on retrouve quelqu'un de cher (on pense à tout le temps qu'on a passé séparé de lui) ou même quand on fête une victoire et qu'on se remémore tous les bons et mauvais moments endurés avant cette victoire…

À RETENIR

La joie est l'une des émotions les plus communicatives, puisque c'est là justement sa fonction : le partage. Ainsi, quand on éprouve de la joie, on ressent le besoin pressant de le dire à tout le monde, car on sait aussi, inconsciemment, que le fait de partager la bonne nouvelle va raviver et faire durer cette belle émotion encore plus longtemps…

Ainsi, lorsque l'on éprouve de la joie, nos gestes sont en général ascendants (on se « sent plus grands » voire parfois invulnérables). Notre posture est aussi plus portée vers les autres (via les étreintes et autres embrassades…). Même nos mimiques sont destinées à nous rendre plus avenants pour « attirer » les autres : sourires, rires, etc.

La joie intense se manifeste aussi parfois par des larmes, ce qui peut sembler étrange, quand on y réfléchit ! Pleurer permettrait ainsi d'évacuer un trop plein d'émotions (toutes les émotions fortes sont liées à une grande tension psychique, même le bonheur !). Mais cela peut aussi signifier que la joie est alors teintée d'un peu de tristesse…

La bouche et les baisers

« Un baiser est un tour délicieux conçu par la nature pour couper la parole quand les mots deviennent superflus. »

Ingrid Bergman

Témoignage

*« À vingt ans, je suis parti pendant un an aux États-Unis, au Texas, dans le cadre d'un échange entre universités. Ce qui m'a le plus surpris quand je suis arrivé là-bas, c'est que les Américains ont très peu de contacts physiques entre eux, du moins en public. Par exemple, ils ne s'embrassent jamais, même entre amis, et plus surprenant pour moi, même entre amies féminines : ils se serrent la main, se saluent d'un signe de la tête, ou à la limite se font un "*hug*", c'est-à-dire une étreinte rapide. D'ailleurs on reconnaît aisément deux Français qui se rencontrent là-bas : ils s'embrassent ! C'était marrant parce qu'à mes débuts au Texas, je n'avais pas tout de suite pris les habitudes locales, et il m'arrivait fréquemment de tendre la joue quand je rencontrais une amie, ou une amie d'amie… ce qui me valait parfois des regards surpris, ou bien, dans le meilleur des cas, des éclats de rire un peu gênés, accompagnés d'un "*You are so… French !*". Au final, comme cela faisait partie de mon "charme", j'ai gardé cette habitude d'embrasser les filles pour dire bonjour et au revoir, toujours avec le sourire, et la plupart d'entre elles rougissaient à chaque fois, ce qui ajoutait encore au charme… Ce qui est drôle, c'est que*

les personnes que je "bisouillais" gentiment finissaient souvent par devenir bien plus tactiles, à la manière française, et ce sont ces personnes-là avec qui j'ai gardé le plus de contacts... Comme quoi, les baisers créent plus de liens qu'on ne l'imagine ! »

Frank, 24 ans

Un peu de théorie

La symbolique de la bouche et des lèvres

La bouche comporte, en effet, une symbolique forte : c'est via cet organe, dès le commencement de la vie, que l'enfant va communiquer avec sa mère, par le biais de la tétée, du sourire, des pleurs ou des cris. La bouche est, ainsi, le passage de la voix, de la respiration, de l'alimentation, bref, l'endroit privilégié du passage entre l'extérieur et l'intérieur, qui le maintient en vie et lui permet d'exprimer quelque chose. Par extension, la bouche fournirait donc des indices quant aux relations qu'entretiendrait une personne avec son entourage. De fait, nous connaissons tous, de façon presque instinctive, la symbolique d'une bouche aux lèvres pleines ou au contraire celle d'une bouche aux lèvres pincées et minces. Cette dernière dénoterait ainsi une personne dans le contrôle permanent, que ce soit au niveau affectif, social ou encore financier. Ce self-control serait même d'autant plus prononcé quand la bouche est peu expressive : la raideur des lèvres étant alors l'indice d'un manque de confiance en soi, et donc d'une volonté de faire attention à ce que l'on dit, pour ne pas être jugé négativement. Des lèvres pleines, au contraire, révéleraient une nature plus généreuse et sensuelle. D'ailleurs, le symbolisme sexuel des lèvres est aussi très important : un baiser étant souvent considéré comme une symbolisation, voire un prélude de l'acte sexuel. C'est pour cela qu'un baiser « avec pénétration » est souvent considéré comme un passeport pour… plus d'intimité.

Les Français spécialistes des baisers

Et oui ! il est bien connu que les Français sont réputés pour être des « bisouilleurs » invétérés ! D'ailleurs, cela déconcerte souvent les étrangers, plus particulièrement ceux qui sont plus pudiques et n'ont pas, comme nous, cette facilité de contact ! La France est en effet le pays où l'on se fait le plus de baisers. Mais nous ne possédons pas non plus le monopole du baiser, celui-ci est présent dans la quasi-totalité des cultures de par le monde, qu'il soit amical ou social (les bisous sur la joue), amoureux (le fameux *« French Kiss »*) ou même filiaux. Ces derniers types de baisers, les baisers filiaux, ceux échangés entre une mère (ou un père) et son enfant, sont d'ailleurs restés pendant un long moment dans la ligne de mire des chercheurs. Certaines études montreraient en effet que les bébés français seraient embrassés bien plus souvent que les bébés anglo-saxons par exemple, et que ces multiples contacts les encourageraient ensuite à développer un comportement beaucoup plus sociable et plus tactile parvenus à l'âge adulte… Et d'ailleurs, ce ne serait pas le seul avantage du baiser filial : il a été prouvé que les bébés embrassés de nombreuses fois pendant la tétée auraient une meilleure succion et mangeraient donc mieux, souriraient plus et pleureraient moins. À long terme, faire fréquemment des bisous à son enfant l'encouragerait même à développer le langage de façon plus précoce et l'épanouirait davantage. Une chose reste donc à dire… Cocorico !

La latéralité des baisers

On parle de latéralité quand on se demande si nos gestes sont faits par le côté gauche ou par le côté droit de notre corps. En effet, cela a son importance, surtout dans l'étude des gestes. Ainsi, on sait déjà que la partie gauche de notre corps est commandée par la partie droite de notre cerveau, et vice-versa. Le cerveau droit est souvent décrit comme notre cerveau « féminin », le plus affectif, celui des sentiments et des émotions, alors que le cerveau gauche est considéré comme notre cerveau « masculin », c'est-à-dire celui qui gère plutôt les pensées et la logique. Le fait de tendre la joue gauche ou la joue droite en premier quand on veut embrasser quelqu'un aurait donc un sens plus important qu'on ne l'aurait pensé. Ainsi, une personne qui tendrait la joue gauche en premier quand on lui fait la bise laisserait parler son cerveau droit : ce serait une invitation à se connaître l'un et l'autre de façon plus poussée, plus personnelle. Par exemple, quand une femme tend sa joue gauche à un homme, cela sous-entendrait qu'elle ne serait pas insensible à ses charmes. Au contraire, une personne qui tendrait la joue droite serait beaucoup moins dans l'abandon : cela dénoterait de la méfiance envers son interlocuteur, et donc une certaine prise de distance et de la retenue. Pensez-y la prochaine fois que vous ferez la bise à un inconnu : si vous lui tendez naturellement la joue droite, c'est peut-être qu'il ne provoque pas chez vous un grand élan de sympathie !

À RETENIR

La bouche est un élément du visage très important dans l'étude de la gestuelle, de par son expressivité. En effet, sa taille ou encore sa forme (lèvres charnues ou minces...) seront symboliques de la relation que chacun a avec le monde extérieur : des lèvres minces et pincées seraient ainsi un signe de self-control un peu trop marqué...

Effectivement, après certaines études, la France est le pays où l'on échangerait le plus de baisers, dans le cadre d'une relation amicale, amoureuse ou encore filiale. Ce qui est tout à notre honneur, car les mêmes études montreraient par exemple que le fait d'embrasser ses enfants très souvent serait extrêmement bénéfique à leur développement.

Le fait de tendre sa joue gauche ou droite lorsque l'on fait la bise à quelqu'un serait révélateur des sentiments que l'on entretient à son sujet. Tendre la joue gauche montrerait son intérêt, alors que tendre la joue droite serait un signe de méfiance... Cette « latéralité » dans nos baisers serait une conséquence de la latéralité de notre cerveau.

La séduction au féminin

« La femme s'est toujours réservé la part captivante de la séduction (la séductrice), lui s'est toujours retrouvé avec la part légèrement ridicule (le séducteur). »

Jean Baudrillard

Témoignage

« Le mois dernier, mon mari et moi sommes allés à une soirée d'anciens étudiants, organisée par l'école où nous avons fait nos études. Tout le monde, nous y compris, voulait donner une bonne image. C'est pour cela que nous nous sommes mis sur notre trente-et-un : on aurait presque dit un bal de promotion américain, comme on en voit dans les films ! Lors de la soirée, nous avons ainsi revu la plupart de nos anciens camarades. Et ce qui est drôle, c'est que j'ai eu l'impression d'une certaine régression dans les comportements : comme si toutes les personnes présentes avaient de nouveau vingt ans. Chez certaines, c'était tellement flagrant ! Je me souviens notamment d'Alice, qui était à l'époque une vraie allumeuse et qui apparemment n'avait pas vraiment changé : elle a passé sa soirée à draguer les hommes, mariés ou pas d'ailleurs ! Déjà, elle était très maquillée et habillée de façon ouvertement sexy, avec une jupe qui s'apparentait plus à une ceinture et un décolleté qui n'avait rien à envier à celui de Pamela Anderson ! Et puis elle passait son temps à se toucher le cou en glissant des regards par en dessous, et à rire à gorge déployée dès qu'un homme

faisait une blague, même mauvaise... Ce qui est fou, c'est que si les femmes trouvaient ce comportement déplacé, les hommes, eux, ne paraissaient pas vraiment gênés par cet étalage de charme et étaient attirés par Alice comme des mouches par de la confiture... Comme quoi, les bons vieux stéréotypes marchent toujours... »

Anita, 37 ans

Un peu de théorie

La femme, maîtresse de la séduction ?

Quand nous observons les animaux dans la nature, nous pouvons être frappés par une chose : dans le règne animal, ce sont la plupart du temps les mâles qui ont les plus belles parures pour pouvoir séduire les femelles. Effectivement, c'est le lion et non la lionne qui a une superbe crinière, ce qui lui permet notamment d'augmenter son volume (et donc son capital séduction) d'une façon non négligeable.

En revanche, chez les humains, cette situation a tendance à s'inverser : ainsi, les plus beaux atours sont portés par les femmes. En effet, à l'heure actuelle, ce sont plutôt elles qui multiplient les artifices pour pouvoir séduire les hommes, à grands coups de tenues sexy, de coiffures tendance, de maquillage soigné, de parfums enivrants ou encore, pour certaines, d'opérations coûteuses de chirurgie esthétique (bien que les hommes ne soient plus en reste de ce côté-là). Et la donne ne change pas au niveau de la communication non verbale : toutes les études entreprises prouvent que dans 90 % des cas, ce sont les femmes qui dirigent le ballet de la séduction... tout en laissant croire insidieusement aux hommes que ce sont eux qui ont fait le premier pas. En effet, les avances féminines, c'est-à-dire les gestes et les expressions marquant l'invitation, la disponibilité ou l'intérêt pour l'autre, sont en général très subtiles. D'ailleurs, s'il s'avère que ces gestes sont trop exagérés, cela peut même se révéler répulsif… Les hommes aiment croire qu'ils ont le contrôle !

Les postures féminines de séduction

Alors que les postures masculines de la séduction rappellent plutôt celles de la domination (postures d'extension et d'occupation de l'espace), les postures féminines vont, elles, en toute logique, rappeler celles de la soumission. Ainsi, quand une femme veut séduire un homme, c'est rarement en paraissant dominante, bien que ce comportement soit de plus en plus en vogue, notamment avec le phénomène de société bien connu des « cougars » (des femmes en couple avec des hommes vraiment plus jeunes). Mais mis à part ces femmes dominantes, la plupart des femmes vont mettre en avant leur féminité, leur fragilité et surtout leur vulnérabilité, pour exciter les mâles et leur besoin de domination, et aussi pour ne pas les effrayer ou leur faire perdre leurs repères. De fait, elles vont par exemple multiplier les gestes portés vers elles-mêmes, qui vont réduire leur taille ou leur volume. Elles peuvent ainsi se toucher les cheveux, incliner la tête sur le côté pour montrer leur cou, c'est-à-dire leur point faible (rappelons que cela est une posture de soumission, contrairement au face à face), croiser les jambes… D'ailleurs, on peut remarquer que les jambes sont souvent un endroit sur lequel l'homme se focalise volontiers : apparemment cela serait dû au fait qu'à la puberté, les jambes des femmes s'allongent de façon un peu disproportionnée par rapport au reste du corps. Les hommes aimeraient donc les longues jambes car elles leur rappelleraient une période où la femme est très fertile…

Un visage très expressif

Les femmes vont également se servir de leur visage et de leurs expressions pour communiquer. Leur figure est souvent très animée quand elles flirtent. En fait, les hommes sont plutôt attirés par des visages très expressifs, car cela implique en général des traits plutôt fins et mobiles. Les femmes se doivent donc d'avoir plutôt de grands yeux : elles les maquillent, les écarquillent de façon imperceptible quand elles veulent séduire, ou baissent légèrement le menton pour regarder leurs partenaires par en dessous (les yeux « mangent » ainsi la partie du visage visible). On associe en général les grands yeux aux bébés et aux « gentils » dans les dessins animés (alors que les « méchants » auront souvent de petits yeux effilés et sournois), et c'est pour cela qu'ils provoquent l'envie de protéger… Mais les yeux peuvent également papillonner (les fameux battements de cils), ou même se détourner d'une façon un peu spéciale : ainsi, le corps sera dirigé vers l'homme, mais le visage sera dans une autre direction, donnant ainsi des indices contradictoires, mais intrigants, et donc attirants pour l'homme.

De même, l'expressivité du visage passera par une bouche entrouverte, mais aussi des sourires et des rires beaucoup plus nombreux chez la femme que chez l'homme : souvenez-vous que les dominés sourient plus souvent que les dominants. Ainsi, on peut pratiquement prédire le succès d'un homme par le nombre de fois qu'il fait rire les femmes dans une soirée…

À RETENIR

Malgré certains stéréotypes bien ancrés dans la culture humaine, ce sont plutôt les femmes qui, en utilisant leur corps et leur visage, invitent les hommes à flirter, et non l'inverse. Les femmes ont en effet une palette d'expressions et de gestes très large pour provoquer l'intérêt, expressions que les hommes captent de façon plus ou moins inconsciente.

En effet, les femmes ont à leur disposition tout un arsenal non verbal pour montrer aux hommes leur disponibilité. Leur arme favorite consiste à exposer leur vulnérabilité pour provoquer l'instinct de protection des hommes. Cette attitude soumise se communique via une gestuelle autocentrée : on caresse ses cheveux, son cou, on croise les jambes, etc.

La mobilité et l'expressivité du visage féminin sont des atouts indéniables pour qui veut séduire. Les yeux et la bouche vont notamment jouer un rôle prédominant : les yeux peuvent papillonner ou s'agrandir, les regards s'attarder et s'alanguir. Quant à la bouche, elle va se montrer très conciliante, via notamment de nombreux sourires et rires.

La séduction au masculin

« Quand un homme cherche à séduire une femme,
il est plus susceptible d'adopter des comportements
virils stéréotypés. »

Peter Collett

Témoignage

« J'ai toujours admiré, voire jalousé mon frère pour sa capacité à faire tomber les femmes comme des mouches. C'est un vrai Casanova, contrairement à moi, qui ne sais pas du tout séduire ! Il faut dire que mon frère a des avantages que je n'ai pas : il est taillé comme dans un roc. Grand, naturellement musclé, d'allure soignée, il n'a pas son pareil pour draguer, que ce soit à un mariage, au boulot ou en boîte ! On dirait que les filles sont comme aimantées par son corps, et je suppose qu'il sait aussi y faire. Quelquefois, quand on sort, je l'observe à la dérobée, pour éventuellement apprendre quelques "trucs", mais bon, soit je l'imite mal, soit je n'arrive pas à saisir ce que les filles voient en lui… Déjà, il a une allure très masculine, presque macho… moi, à côté, je suis un jeune gringalet sans envergure. Et puis je ne sais pas, dans ses gestes, dans son sourire, il dégage vraiment quelque chose, indépendamment de ses atouts physiques. Ses copines disent de lui qu'il a un charme fou, mais qu'est-ce que le charme ? Attention ! Je ne suis plus vraiment jaloux, malgré ce qu'on peut penser, c'est surtout que ça m'amuse. Il faut dire que j'ai déjà trouvé chaussure à mon pied, mais c'est vrai que si ma copine n'avait pas fait le premier pas, je crois que je serais encore en train de ramer… Jérôme,

lui, collectionne les filles, au point que je me demande s'il ne préfère pas plutôt séduire qu'être en couple… Mais bon, si j'étais à sa place, pourquoi me priverais-je ? »

Pierre, 27 ans

Un peu de théorie

Une séduction omniprésente dans notre quotidien

La séduction, il est parfois bon de le rappeler, fait partie intégrante et est même à l'origine de notre processus de reproduction. Elle fait intervenir l'aspect le plus animal de chez chacun d'entre nous, le plus sommaire, le plus basique et donc le plus inconscient de notre personnalité. À ce titre, c'est peut-être l'un des domaines de notre existence qui repose le plus sur notre capacité à savoir déchiffrer la communication non verbale d'autrui. On pourrait même dire qu'il ne peut y avoir séduction s'il n'y a pas, de part et d'autre, les bons gestes et les bonnes mimiques, que ce soit pour signaler notre disponibilité, notre intérêt ou encore notre capacité d'abandon à l'autre…

La communication non verbale est donc omniprésente dans les situations de séductions, que l'on veuille séduire ou montrer que l'on est séduit par l'autre. D'ailleurs, tout humain, quel qu'il soit, évalue lors de sa première rencontre avec quelqu'un le potentiel sexuel de son interlocuteur (et est évalué de la même manière). Ainsi, nous recevons et envoyons quasiment constamment des messages sexuels, que ces derniers soient positifs ou négatifs.

Alors quels sont ces gestes qui séduisent chez l'homme ? Comment un homme peut-il, via sa gestuelle ou son apparence, faire la différence et « sortir du lot », surtout à l'heure actuelle, où le physique est tellement valorisé et la concurrence tellement rude ? Avant de répondre à cela, il faut d'abord étudier la séduction sous un jour… historique.

L'homme viril

Si on étudie la séduction humaine d'un point de vue évolutionniste, le positionnement de l'homme par rapport à sa partenaire est très simple : il doit montrer à la femme qu'il représentera la partie « forte » du couple, qu'il assumera son rôle protecteur et qu'il sera capable de subvenir à ses besoins de sécurité. Pour prouver qu'il pourra faire tout cela, l'homme doit donc surjouer son côté « mâle » face à la personne qu'il veut séduire. Cela ne veut évidemment pas dire qu'il doit forcément mettre en avant son torse bombé et poilu ou ses muscles en acier… Car même si le physique est important, c'est la gestuelle qui prime sur lui. Et la gestuelle est bien, elle, celle d'un mâle dominant… Car oui ! Un homme séducteur, c'est un homme viril, qui n'a pas peur de dominer les autres. Évidemment, cette domination peut se manifester de différentes manières : elle peut passer par un compte en banque bien garni (le costume de marque et la belle montre qui vont avec), une voiture de sport très « phallique », ou encore par une gestuelle très agressive sexuellement…

Certaines personnes diront que ces hommes-là sont des stéréotypes dépassés. Et ce n'est pas faux. Il est vrai que l'évolution de l'homme et de la société en général nous a donné l'impression que nous avions dépassé ces clichés. Et on ne peut nier que beaucoup de femmes peuvent préférer les hommes fragiles et enfantins… Mais notre gestuelle, elle, se moque bien de notre évolution ! Elle reste très archaïque…

Un zeste de domination…

Donc, pour plaire à une femme, un homme se doit d'exacerber son côté dominant (tout en restant attentionné et doux !). Ainsi, il maîtrisera ses mimiques faciales le plus possible, laissant entendre par là que rien ne peut le perturber. Sa gestuelle sera celle d'une personne qui est sûre d'elle, de l'image qu'elle renvoie, de son territoire : le séducteur est quelqu'un qui prend de l'espace. Ainsi, quand il s'assoit, peut-il garder les jambes écartées, prouvant par là qu'il est « disponible » sexuellement. Le séducteur fait également des gestes amples, en bougeant le plus possible ses mains loin du corps et en changeant très souvent de position. De même, il a tendance à rentrer dans l'espace intime de sa partenaire, que ce soit pour ramasser un objet tombé près d'elle ou pour lui tenir la porte… Par exemple, de manière naturelle, il aura tendance à placer ses pieds dirigés vers elle, dans son espace à elle. Il aura aussi tendance à « bomber le torse », pour se faire plus grand et plus imposant. En fait, plus la femme est féminine, plus l'homme se masculinisera. Effectivement, un homme mis en présence d'une femme qu'il trouve séduisante prendra naturellement une voix plus grave…

Cependant, même si les gestes de l'homme sont importants dans la séduction, ce dernier ne peut rien faire… tant que la femme ne lui a pas envoyé les bons signaux ! Car oui, c'est souvent la femme qui fait le premier pas, tout en faisant croire à l'homme que c'est lui qui a fait son choix…

À RETENIR

En effet, la séduction est profondément ancrée dans notre patrimoine génétique (puisqu'elle précède et initie la reproduction… en théorie !). Ainsi, au quotidien, nous passons notre temps à évaluer de façon inconsciente le potentiel sexuel des personnes que nous croisons, et à multiplier les signaux sexuels, que ces derniers soient positifs ou négatifs.

D'après toutes les études sur le sujet (et malgré l'évolution des codes sociaux), ce qui séduirait le plus les femmes, ce serait tout simplement des hommes très… masculins ! Car plus un homme exacerberait ses qualités de mâle, plus la femme aurait l'impression qu'il est capable de la protéger… qualité première demandée par la gent féminine !

Ainsi, l'atout principal d'un homme séduisant serait sa capacité à montrer qu'il domine la situation et, accessoirement, les autres mâles. Sa communication non verbale serait donc axée sur ce critère : territoire marqué, gestes amples, voix grave, etc. On peut cependant se demander si ce schéma résistera longtemps à une société de plus en plus androgyne.

Cultiver le bon look

« Les couleurs sont à la vie ce qu'est le vêtement à la hiérarchie sociale. »

André Langevin

Témoignage

« Dans ma boutique, je vends essentiellement des vêtements pour les femmes. Ce que je préfère, c'est quand une femme me demande de l'aider à trouver une tenue, que ce soit pour un mariage, un entretien d'embauche, un premier rendez-vous… Car, dans ces cas-là, il faut connaître pas mal de détails avant de finir par choisir un vêtement ! D'abord, mieux connaître la personne elle-même : sa morphologie, sa personnalité, ce qu'elle a envie de dégager… Puis tout ce qui va concerner l'événement en question : est-ce que c'est une soirée très habillée, est-ce qu'elle sera là pour séduire, convaincre, ou au contraire est-ce qu'elle devra rester discrète… C'est toujours passionnant de choisir LE bon vêtement : celui dans lequel on se sentira à l'aise, séduisante… D'ailleurs, j'ai décidé d'aller encore plus loin dans cette optique, et j'ai envie de proposer un service de relooking et d'aide au shopping : il y a plein de femmes qui s'habillent avec ce qui leur tombe sous la main, parce que c'est pratique ou pas cher… et qui n'expriment rien à travers leurs vêtements : alors qu'on peut leur faire dire tellement de choses ! Et puis, certaines femmes aimeraient qu'on leur donne des conseils sur la façon de se coiffer, de se

maquiller, de marier les couleurs… Tout ça peut paraître futile, mais il ne faut pas se voiler la face ou paraître hypocrite : le vêtement et le look que l'on a influencent tellement le jugement des autres qu'il est normal d'y porter le plus grand soin… non ? »

Flora, 36 ans

Un peu de théorie

Look et personnalité

Les vêtements, les chaussures, les accessoires, le parfum ou encore les bijoux que l'on porte déterminent de manière cruciale la première impression que l'on donne à ceux que l'on rencontre. Effectivement, à travers nos vêtements, les couleurs et les coupes que nous choisissons, le style formel, apprêté ou au contraire décontracté ou sportif, nous allons exprimer et renvoyer plusieurs images distinctes. Premièrement, nos vêtements vont évidemment dépendre de notre sexe et de notre âge, de nos goûts, mais aussi de notre morphologie et du rapport que l'on entretient avec son corps : est-on complexé ou plutôt libéré par rapport à son physique ? A-t-on confiance en soi ou veut-on à tout prix passer inaperçu ? Ensuite, à un niveau plus élevé, le vêtement trahit évidemment notre milieu social, selon son formalisme, sa qualité, sa marque et les accessoires qui y sont liés. Et même, au-delà du milieu social d'origine, le vêtement en dit long sur le groupe social auquel on aimerait appartenir…

En outre, le vêtement porte en lui un message sexuel : on ne porte pas une minijupe comme on porte un pantalon, surtout si cette minijupe est accompagnée de talons, qui vont allonger les jambes et chalouper la démarche… Et enfin, les accessoires auront aussi de l'importance, en ceci qu'ils assurent une fonction précise, puisqu'ils vont véhiculer nos valeurs, notre histoire (comme certains bijoux de famille), ou encore notre culture (une croix autour du cou, ou une main de Fatma)…

Des couleurs et des codes

Les couleurs que l'on choisit de porter sont la plupart du temps fonction de notre état d'esprit. Des adolescents qui ne se sentent pas bien dans leur peau auront tendance à porter des couleurs sombres, pour se camoufler et exprimer leur mal-être. Ce choix pour les couleurs sombres est souvent, aussi, une façon de se démarquer de l'enfant qu'ils ont été (les enfants étant souvent habillés de couleurs vives). Dans les régions chaudes ou pendant l'été, on s'habillera avec des couleurs vives parce que le soleil est synonyme de bonne humeur !

D'autre part, les couleurs sont classées en couleurs chaudes et froides. Les couleurs chaudes contiennent une touche de jaune (comme l'orange, le marron, certaines teintes de rouge…) et les couleurs froides contiennent une touche de bleu (comme le vert, le violet…). Le blanc et le noir sont considérés comme des couleurs froides. Si l'on veut créer une harmonie dans ses vêtements, on choisira de marier plusieurs couleurs chaudes, ou plusieurs couleurs froides entre elles : cette harmonie donnera une impression de discrétion et de douceur. Au contraire, si l'on veut se mettre en valeur et créer une impression de dynamisme, il sera plus judicieux de créer un contraste en mariant des couleurs chaudes et des couleurs froides : les vêtements (et donc vous-même) seront mieux mis en valeur, car leur visibilité et leur présence seront plus fortes… Ainsi, en fonction de ce que l'on veut faire passer, on pourra choisir entre le contraste et l'harmonie…

Les vêtements et l'entreprise

C'est indéniablement un milieu qui va engendrer une certaine uniformisation du vêtement, car toute entreprise véhicule des codes qui lui sont

propres, et qu'il faudra respecter si l'on veut s'intégrer. Ainsi, il est important de comprendre et d'assimiler rapidement ce *« dress code »*, surtout lors d'un entretien d'embauche, pour ne pas faire de faux pas dès le début. Ce *dress code* sera fonction des valeurs de l'entreprise : encourage-t-elle la créativité, l'innovation (dans ces cas-là, le *dress code* sera certainement assez décontracté), ou prône-t-elle des valeurs comme le sérieux et la discrétion (le costume, le tailleur, la neutralité et la sobriété seront alors dans ce cas-là préférés) ?
Évidemment, lors d'un premier entretien, il est surtout important que le look colle à la fonction pour laquelle on postule, tout en laissant s'exprimer sa personnalité, mais sans non plus oublier son confort. Il n'y a rien de pire que de se sentir déguisé, car cela peut vraiment jouer sur l'impression d'ensemble : on se sent engoncé dans sa veste donc on bouge peu, ou on se sent mal à l'aise car on ne sait pas marcher avec des talons, etc. Le mieux étant certainement de choisir une tenue neutre (blanc et noir, gris, bleu marine…), élégante (sans être trop habillée), que l'on a déjà portée de préférence, et dans laquelle on se sent bien et mis à son avantage. On peut enfin l'égayer d'un ou deux détails personnels, surtout au niveau des accessoires : un sac, un foulard, une cravate…

À RETENIR

Les vêtements que l'on porte en disent long sur nous-mêmes. En effet, ils trahissent la façon dont on perçoit son corps, informent sur notre personnalité, sur le milieu social dans lequel on évolue ou même dans lequel on souhaite évoluer. Ils peuvent aussi véhiculer une partie de notre histoire, ou une intention bien précise : séduire, convaincre, etc.

Les couleurs ont aussi leurs propres codes, qu'il peut être bien utile de maîtriser. Ainsi, pour jouer la discrétion, mieux vaut-il porter un camaïeu de couleurs issues de la même tonalité (chaude ou froide). Au contraire, l'originalité et le dynamisme se voient à travers des couleurs contrastées (mélange entre couleurs chaudes et froides) et souvent vives.

Au travail, il est important, du moins dans un premier temps, de correspondre à l'image de l'entreprise : formelle si l'entreprise véhicule des valeurs de sérieux, plus décontractée si l'entreprise privilégie la créativité et la jeunesse. Pour un premier entretien cependant, la neutralité sera de mise, juste rehaussée d'une touche personnelle.

Acquérir du charisme

« En imposer, pour ne pas avoir à imposer,
voilà en quoi consiste le charisme. »

François Proust

Témoignage

« Je travaille dans une entreprise qui vend de l'équipement pour l'irrigation, et ce dans toute la France. Je fais partie d'une équipe de vendeurs. Nous nous déplaçons toute la journée pour aller voir les professionnels (des agriculteurs en règle générale) et vendre nos équipements. Dernièrement, l'activité a pris un sérieux coup au moral (l'agriculture va très mal en France), et notre directeur commercial s'est fait virer il y a deux mois, parce que ça faisait un bon moment que ses chiffres n'atteignaient pas les objectifs de la boîte. Bref, un nouveau directeur technique est arrivé il y a environ un mois, et tout ce que je peux dire, c'est qu'il a l'air d'être d'une autre trempe que l'ancien ! Je dis ça parce que déjà, quand l'ancien directeur faisait une réunion ou une conférence, pour nous parler des résultats par exemple… on ne l'écoutait jamais. Il faut dire qu'il semblait toujours se cacher derrière son ordinateur, et qu'il parlait souvent trop vite et quasiment à voix basse… du coup, on l'entendait mal et même si on essayait de l'écouter malgré le brouhaha, on se lassait au bout d'un moment… Avec le nouveau, Monsieur Desmoulins, le changement est impressionnant ! On entendrait presque une

mouche voler pendant les meetings ! Il est vraiment à l'aise quand il parle en public, et je crois que, même si les résultats sont encore à voir, ça nous rassure tous de voir qu'il y a quelqu'un de dynamique à la barre… Comme dirait l'autre… Pourvu que ça dure ! »

Jean-Michel, 30 ans

Un peu de théorie

Qu'est-ce que le charisme ?

Le charisme est une qualité et un concept difficiles à définir, car il est assez vague, voire subjectif. En général, on qualifie une personne de charismatique quand on la remarque tout de suite, de façon positive, et qu'elle dégage une certaine présence, une aura, qu'elle éclipse toutes les autres. Une personne qui arrive, par la façon dont elle s'exprime, à emporter l'adhésion de tous et même à provoquer l'enthousiasme de ceux qui l'écoutent. Le charisme est ainsi une aide précieuse pour le leader, le manager, ou même pour toute personne amenée à s'exprimer devant un public et qui doit le convaincre ou l'intéresser.

Mais concrètement, comment se manifeste le charisme ? En fait, il y aurait deux sortes de charisme : tout d'abord, le charisme intellectuel, qui dénote un esprit vif, prompt à trouver des arguments ou à manier l'humour facilement, et ensuite, il y a le charisme physique, qui démontre notamment une grande aisance, une assurance certaine dans sa communication non verbale. Le problème, c'est qu'être vraiment charismatique, c'est posséder les deux genres pour capter l'attention de son public… Par exemple, quelqu'un peut écrire des discours passionnants, d'une grande finesse, mais ceux-ci peuvent n'avoir aucun impact sur les personnes qui écoutent dans la mesure où ils ne sont pas dits de la bonne façon… trahissant ainsi une fragilité et un manque de leadership certains. Alors, comment s'appuyer sur la communication non verbale pour augmenter son charisme ?

Occuper l'espace

En effet, il n'y a rien de pire que quelqu'un qui parle caché derrière son ordinateur ou son micro, qui n'articule pas, qui ne parle pas assez fort ou qui reste immobile pendant son intervention : c'est la sieste assurée pour ceux qui écoutent et la déception pour l'orateur ! Ainsi, si vous avez l'occasion de parler devant plusieurs personnes, et si cela est possible, évitez de rester assis sur votre chaise et n'hésitez pas à vous déplacer dans la pièce. Faites-le de façon mesurée : évitez les allers-retours ou les « avants-arrières » impulsifs et stressants, qui ne sont qu'une autre façon de montrer son trac. Cadencez au contraire votre pas sur vos paroles : cela leur apportera du dynamisme et rythmera aussi votre respiration. De plus, cela peut aussi vous déstresser, en libérant la tension et l'énergie négative que vous pouvez avoir accumulées à cause du trac. Enfin, il est important de varier les distances entre vous et votre « public » pour éviter la monotonie et impliquer un peu plus ceux qui vous écoutent : restez à une distance comprise entre 1 et 5 mètres environ de vos interlocuteurs. Plus près : ce serait gênant pour eux ; plus loin : ils se sentiraient moins impliqués et pourraient bavarder facilement. D'ailleurs, si vous voulez provoquer des échanges, cela sera plus facile si vous êtes plus proche, surtout si vous avez en face de vous des personnes timides. N'oubliez pas, enfin, de regarder toutes les personnes présentes en balayant l'assistance du regard.

Laisser son corps s'exprimer de façon adéquate

L'important est de trouver un équilibre. Ne faire aucun geste ou bien en faire trop, voilà le risque ! Le mieux, au niveau de la posture, sera de se tenir dans une position droite mais pas tendue, avec les pieds bien ancrés dans le sol, légèrement écartés, et sans jamais tourner le dos à votre public. Gardez la tête bien droite, ne regardez pas vos pieds ni ce qui se passe dehors à travers la fenêtre, mais devant vous. Enfin, pensez à garder une gestuelle aussi ouverte que possible, sans tomber dans la soumission : évitez de croiser les bras et de faire des gestes en dessous de la ceinture : mettre vos mains dans les poches ou en position « cow-boy », les pouces dans la ceinture, ceci n'est pas très indiqué non plus et serait un peu trop familier ! Évitez aussi les autocontacts au niveau du visage ou de la tête : se caresser les cheveux, se gratter le nez ou l'oreille sont autant de gestes de réassurance, qui prouvent donc à votre entourage que vous manquez d'aisance, de confiance ou que vous ne croyez pas vraiment ce que vous dites. Le secret, c'est de ne faire que des gestes qui signifient quelque chose, c'est-à-dire utiliser son corps pour marquer ses paroles et non pour brasser de l'air : par exemple, vous pouvez marteler vos idées importantes avec le poing, ou encore faire un trois avec vos doigts et marquer la pose si vous avez trois idées à énumérer. En outre, cela facilitera la mémorisation de ce que vous avez à dire, en ajoutant un élément visuel à votre discours.

À RETENIR

En effet, on parle de charisme intellectuel, qui est l'aisance dans le maniement et l'utilisation des idées, et le charisme physique, qui est le fait d'utiliser son corps avec assurance pour capter l'attention du public et la garder. Les deux charismes sont intimement liés, et il ne faut négliger ni l'un ni l'autre pour être véritablement charismatique.

La façon dont vous vous déplacez, la façon dont vous occupez l'espace, la distance que vous mettez entre vous-même et ceux qui vous écoutent, ce sont trois données importantes à prendre en compte si vous voulez garder leur attention. Il faut impliquer physiquement votre audience dans votre discours si vous voulez véritablement faire une impression durable.

Une personne charismatique sait trouver l'équilibre entre rigidité et mobilité excessive, que ce soit dans la posture générale ou les mouvements des bras. Les gestes devront être réfléchis et utiles : ils serviront à marquer et rythmer les moments importants de votre discours, en ajoutant une vraie dimension visuelle aux mots que vous prononcerez.

Réussir son entretien d'embauche

« Vous n'aurez jamais une deuxième chance
de faire une bonne première impression. »

David Swanson

Témoignage

« La dernière fois que j'ai passé un entretien d'embauche, c'était pour un poste qui me plaisait à l'origine plutôt moyennement. Mais bon, crise oblige, je devais bien travailler pour pouvoir payer mon loyer ! Bref, comme cet entretien ne me tenait pas trop à cœur, j'y suis allée plus détendue que d'habitude (surtout que j'avais eu un entretien juste la veille pour un job qui me bottait vraiment). Mais attention, je ne voulais pas non plus arriver baba cool, parce que c'était quand même une chance de pouvoir être embauchée là si le premier entretien ne donnait rien. Et puis, j'avais quand même fait les choses dans les règles : je m'étais renseignée sur le poste, sur l'entreprise et j'avais noté des questions pour la fin de l'entretien. J'ai eu de la chance à vrai dire, parce que j'ai eu l'impression que le courant est passé tout de suite : la femme qui m'a reçue m'a plu immédiatement : elle paraissait très ouverte, souriante, et du coup ça a terminé de me détendre. Je savais cependant qu'il ne fallait pas que je sois trop relax, car c'est parfois une technique d'entretien, pour vous déstabiliser ensuite. Bon, j'ai quand même eu un moment un peu difficile, quand elle m'a posé des questions de mise en situation :

"Que feriez-vous s'il se passait telle ou telle chose ?" *Mais je ne me suis pas précipitée, j'ai pris le temps de réfléchir. Et finalement, j'ai fini par être recrutée dans cette entreprise, laquelle s'est révélée par la suite une très bonne boîte ! »*

Sonia, 28 ans

Un peu de théorie

La première impression

La première impression que vous allez donner au recruteur est évidemment la plus importante, parce qu'elle va en quelque sorte conditionner le reste de l'entretien et le résultat final. À ce sujet, plusieurs études intéressantes ont été faites, qui prouvent bien l'importance cruciale de faire une bonne première impression. L'une d'elle est particulièrement parlante. Dans cette expérience, une dizaine de recruteurs devaient recevoir des candidats lors d'un entretien de 20 minutes (les candidats étaient par ailleurs filmés à leur insu). Au terme de ces 20 minutes, les psychologues qui encadraient l'expérience demandaient aux recruteurs de donner leur avis sur les candidats, notamment sur des critères comme leur intelligence, leur ambition, leurs compétences, leur façon de s'exprimer. Parallèlement à ces évaluations, les psychologues montraient à d'autres recruteurs les 15 premières secondes (seulement !) de chaque entretien, et leur demandaient d'évaluer les mêmes critères pour chaque candidat… Et surprise ! Les évaluations furent sensiblement les mêmes dans les deux cas, que l'entretien ait duré 15 secondes ou 20 minutes ! Attention donc à faire extrêmement attention aux premiers mots prononcés, à votre attitude et surtout aux premiers gestes faits devant le recruteur ! Concentrez-vous surtout pendant les premiers instants, essayez de ne pas être trop nerveux… Mais attention aussi à ne pas trop vous relâcher dès que vous vous sentirez plus à l'aise par la suite !

Le début de l'entretien

Avant même que vous ne rencontriez le chargé de recrutement, si par exemple vous devez attendre à l'accueil, veillez à rester concentré, à ne pas vous disperser ni vous impatienter, même si cette attente s'éternise (c'est à vous d'être ponctuel, et non au recruteur…). Restez debout si vous le pouvez, dans une position dynamique, pour bien faire comprendre que vous êtes prêt à passer aux choses sérieuses. Vous pouvez aussi relire votre CV ou les informations que vous aurez glanées auparavant sur l'entreprise. Évitez de jouer de façon ostentatoire sur votre smartphone dernier cri… Mettez-vous en conditions pour aborder cet entretien de la meilleure façon. C'est quand vous rencontrerez le recruteur qu'il faudra faire le plus attention : la qualité de l'entretien dépend à 80 % du choix de votre tenue et de l'impression que vous dégagez. Vous devez donc vous montrer ouvert sans paraître arrogant ni familier : c'est-à-dire qu'il faut donc ne pas paraître trop dominant. Mettez-vous en position d'ouverture et d'écoute le plus rapidement possible : la gestuelle détendue mais pas affalée (évitez de croiser les bras ou les jambes), la tête penchée légèrement sur le côté (cela montre que vous êtes particulièrement attentif). Vous pouvez également pencher votre buste légèrement en avant pour montrer à votre interlocuteur qu'il est le centre de votre intérêt, et faire de légers gestes d'assentiment (hochements de tête, brefs mots d'acquiescement…). Enfin, maintenez le contact visuel.

Bien gérer les temps de paroles

Le but ici n'est pas d'abreuver de paroles votre interlocuteur : en effet, certaines personnes, même timides, peuvent soudainement faire une « hémorragie verbale » pour compenser leur manque de confiance. Dites-vous que si vous avez réussi à décrocher cet entretien, c'est que votre profil « sur le papier » intéressait théoriquement l'entreprise. Vous avez donc toutes vos chances. Si l'on vous a demandé de venir, c'est donc surtout pour jauger votre personnalité et son adéquation éventuelle avec le reste de l'équipe : soyez donc le plus humble possible, restez simple, sans tomber toutefois dans la fausse modestie.

Adaptez votre vocabulaire à celui de votre interlocuteur, faites des phrases courtes et concises (le principal problème avec les phrases longues, c'est qu'on a parfois du mal à les finir correctement...). Posez votre voix, ralentissez votre débit (le trac amène souvent à parler trop rapidement) et n'oubliez pas d'articuler clairement ! Faites également des pauses régulièrement, pour permettre au recruteur de vous poser des questions s'il le souhaite. Ne cherchez pas absolument à placer les arguments et les exemples glorieux auxquels vous avez pensé avant l'entretien, surtout si votre interlocuteur ne vous pose pas de question à ce sujet... Au contraire, posez vous-même le plus de questions possibles sur l'entreprise, le fonctionnement du service, le nombre de collègues, l'évolution de l'entreprise dans le secteur, pour montrer votre intérêt. Et surtout... Souriez !

À RETENIR

Il est prouvé que la première impression que vous donnez au recruteur est plus que déterminante dans un entretien d'embauche, puisque la plupart des recruteurs prennent leur décision dans les premières minutes qui suivent le début de votre rencontre ! Il est donc primordial d'être concentré dès que vous mettez un seul pied dans l'entreprise.

Les recruteurs ne vous rencontrent pas pour que vous leur répétiez ce qu'il y a sur votre CV. Ce qu'ils veulent à présent, c'est surtout s'apercevoir si vous paraissez correspondre à leur équipe. La plupart du temps, ils cherchent donc quelqu'un d'ouvert, qui écoutera ce qu'on lui dit. Votre gestuelle devra être ouverte, et montrer une attention sans faille.

Vous pouvez aussi montrer votre capacité d'écoute en posant le plus de questions possibles (ce qui montrera au moins au recruteur que vous êtes quelqu'un de pertinent et d'intéressé). Évitez de vous embrouiller avec des phrases longues, respirez, prenez le temps de réfléchir quand vous répondez aux questions. Et n'oubliez pas de sourire !

Manipulation et communication non verbale

« Pourquoi te servir de poison, si tu peux tuer avec du miel ? »

Proverbe persan

Témoignage

« La dernière fois, j'ai reçu chez moi un commercial, qui vendait des abonnements pour un journal local… C'était un jeune commercial qui venait apparemment de sortir de l'école. Il m'a tout de suite paru sympathique : c'est d'ailleurs certainement une des raisons pour lesquelles j'ai accepté de le recevoir. Par contre, j'ai trouvé que ses techniques de vente étaient un peu trop… voyantes ! Quand je disais quelque chose, par exemple, il était toujours d'accord avec moi, ou avait toujours quelque chose en commun avec moi : la même voiture, les mêmes goûts pour l'actualité… J'aurais pu dire n'importe quoi, je pense qu'il aurait été d'accord… Mais tout cela paraissait faux, et je suis sûr que j'aurais vraiment pu le mettre mal à l'aise si je lui avais demandé des nouvelles du directeur de l'ESC où il était censé être allé (comme moi)… Ce qui m'a un peu énervé, c'est quand j'ai vu qu'il faisait aussi tout comme moi. Je ne m'en suis pas rendu compte tout de suite, mais je trouvais son attitude bizarre : comme si je me sentais observé. Et je n'ai pas tardé à m'apercevoir de ce qu'il faisait : quand je me penchais, il se penchait, quand je souriais, il souriait, quand je buvais, il buvait aussi ! Je suppose que c'est une technique de vente, mais je pense qu'ici, ça devait être particulièrement mal

fait ! Finalement, je n'ai pas pris cet abonnement, alors qu'il m'intéressait, parce que je suis resté assez dubitatif sur la technique que ce jeune vendeur a essayée sur moi… »

Corentin, 59 ans

Un peu de théorie

Tout est manipulation

Quand on parle de manipulation, on imagine souvent des complots, des secrets ou des pervers mégalomanes. Mais tous ces exemples, dignes d'un film sur les services secrets, ne sont en réalité que très rares dans la vie courante. Et oui : heureusement, la manipulation au quotidien est beaucoup plus banale !

Manipuler, c'est influencer quelqu'un à son insu, insidieusement, de façon à ce qu'il fasse quelque chose qu'il n'aurait pas fait de lui-même sans notre intervention. La définition de la manipulation est plutôt large, comme ses applications, qui ne sont pas toutes négatives, comme on serait tous tentés de le croire. Par exemple, un bon manager manipule ses employés quand il essaie de trouver des leviers de motivation pour qu'ils donnent le maximum d'eux-mêmes et qu'ils atteignent leurs objectifs. En fait, la manipulation est tout simplement partout, puisqu'elle fait partie de la communication. Il est donc normal que la communication non verbale soit elle aussi utilisée pour manipuler autrui.

Évidemment, de nombreuses postures ou mimiques peuvent aider à manipuler les autres. Par exemple, une personne peut volontairement prendre une attitude soumise pour obtenir ce qu'elle veut, comme peuvent le faire les enfants par exemple. Ou encore prendre une attitude fermée, pour déstabiliser l'autre, comme pendant une négociation entre deux parties.

En ce qui nous concerne, nous allons nous limiter à deux techniques spécifiques de manipulation : la synchronisation et le toucher.

La synchronisation

La technique de la synchronisation consiste à imiter une autre personne. Si elle est bien faite, elle permet de paraître proche de l'autre, et donc d'avoir l'air plus sympathique à ses yeux.
La synchronisation est, à la base, une notion tirée d'une discipline psychologique qui est assez récente, la programmation neurolinguistique, appelée plus communément PNL. La PNL est un ensemble de théories qui proposent des moyens à mettre en œuvre pour mieux communiquer avec autrui : la synchronisation physique en fait partie. La PNL part du postulat qu'il faut, pour bien communiquer avec les autres, se mettre sur la même longueur d'onde. Parallèlement à cela, nous savons que deux personnes qui s'entendent bien adoptent souvent les mêmes postures quand ils sont ensemble, ou le même timbre de voix : leurs corps sont comme reliés par des liens invisibles, ils s'influencent l'un et l'autre. La synchronisation est donc la reproduction de ce lien amical.
Cette technique, quand elle est bien maîtrisée, permet de paraître immédiatement plus aimable, puisque similaire à son interlocuteur. Elle est très utilisée dans les milieux de la vente aux particuliers, notamment parce que la PNL a connu un grand succès dans les séminaires de management. Le risque est de singer l'autre : cette technique demande donc du doigté et de la subtilité, dans la mesure où la synchronisation peut vite devenir une imitation de mauvais goût, assez désagréable pour la personne avec qui on veut créer un lien.

La technique du toucher

Une autre technique de manipulation faisant intervenir le langage non verbal est ce que l'on appelle la technique du toucher. Là encore, le but de cette technique est de paraître plus sympathique et plus proche de la personne que l'on souhaite influencer, pour faire en sorte de la mettre dans de bonnes conditions avant de lui demander quelque chose. La technique est très simple : elle consiste à faire une demande (raisonnable) en s'assurant de toucher la personne à qui l'on parle. Un léger toucher de l'avant-bras peut suffire !

Cette technique a été largement testée lors de plusieurs expériences. Dans l'une d'elles, des personnes trouvaient des pièces dans une cabine téléphonique. Ces personnes mettaient en général ces pièces dans leurs poches. Quand elles ressortaient de la cabine, quelqu'un (un complice) les interceptait et leur demandait *« N'avez-vous pas trouvé des pièces sur la tablette ? »* Une fois sur deux, cette demande était accompagnée d'un léger contact sur leur avant-bras, d'une ou deux secondes. Résultat : le taux de restitution des pièces était bien plus élevé quand il y avait contact entre les deux personnes, comme si le toucher ouvrait une voie vers une communication positive.

Dans d'autres domaines aussi, le toucher permet d'obtenir plus facilement ce que l'on veut : ainsi, les patients qui sont « touchés » par leur médecin prendraient mieux leur traitement... Alors faites attention la prochaine fois que l'on vous fait une demande en vous touchant le bras !

À RETENIR

Le terme manipulation est souvent utilisé de façon très négative, mais la manipulation n'est souvent qu'influence. Concernant l'utilisation de la communication non verbale dans la manipulation, cela consiste souvent, via l'utilisation de son corps, à mettre son interlocuteur dans de bonnes conditions pour qu'il accède plus facilement à notre demande.

Cette technique part du principe que deux personnes qui s'entendent bien ont souvent la même gestuelle : si l'un avance le pied, l'autre le fait aussi, etc. La synchronisation consiste donc à « imiter » son interlocuteur (de façon subtile de préférence), pour paraître sur la même longueur d'onde et donc, ainsi, le conditionner favorablement à une demande…

L'effet du contact est aussi troublant : les gens seraient plus malléables et nous paraîtrions plus sympathiques rien qu'en multipliant les contacts physiques avec eux. D'ailleurs, des études le prouvent : une demande a beaucoup plus de chances d'aboutir si vous l'accompagnez d'une légère pression de la main sur le bras de votre interlocuteur.

Détecter les mensonges

« Ces aperçus fugitifs des véritables émotions peuvent être de précieux instruments de détection du mensonge. »

Peter Collett

Témoignage

« J'ai vécu pendant des années avec mon premier mari, Victor. J'ai fini par divorcer quand je me suis aperçue qu'il me mentait à peu près tout le temps… Et pourtant, je n'ai rien vu venir pendant très longtemps, sans doute parce que j'étais folle amoureuse : Victor était beau, charismatique, charmant… Je ne voulais peut-être pas croire qu'il ne m'aimait pas vraiment… Toujours est-il que pendant des années, je n'ai pas fait attention aux signaux qui m'indiquaient que mon mari me trompait : il était toujours en voyage pour son travail, rentrait souvent très tard du boulot, et restait souvent évasif quand je lui posais des questions sur les villes dans lesquelles il avait été, par exemple. J'ai commencé à me méfier quand, un jour, j'ai cherché sa carte bleue dans son portefeuille (j'avais perdu la mienne et je voulais acheter quelque chose sur Internet) : je suis tombée sur le ticket d'un fleuriste et une note pour deux personnes d'un restaurant très chic. Et c'est quand j'ai posé les bonnes questions que j'ai commencé à repérer les mensonges : les expressions de Victor me sont apparues tellement fausses ! Quand il souriait en me disant "mais voyons, ma chérie tu es folle ou quoi ? Tu sais bien que je t'aime…", *je sentais*

que c'était un sourire de façade, qui cachait mal son anxiété, anxiété qui transparaissait d'ailleurs dans chacun de ses gestes, très fébriles… Et une fois que j'ai commencé à me méfier, il a été très difficile de faire machine arrière… »

Isabelle, 48 ans

Un peu de théorie

Les difficultés pour repérer le mensonge

En vérité, nous mentons tout le temps. Même les plus honnêtes d'entre nous le font, et plusieurs fois par jour ! Par exemple, n'avez-vous jamais répondu *« Oui, je vais très bien »*, en souriant, alors même que vous pensez à vos problèmes actuels de couple ou d'argent ? Vous ne déballeriez jamais tous vos ennuis, car vous savez que c'est une simple question de courtoisie. La plupart du temps, le mensonge est donc une question de pudeur plus qu'une question de tromperie et comporte une part « sociale » non négligeable : on ment pour se faire accepter ou pour éviter l'embarras, pour faire plaisir ou encore pour se montrer sous un meilleur jour.

Cependant, le mensonge peut aussi être fait sciemment, pour tromper ou cacher une information importante. Est-ce possible alors, dans ces cas-là, de le détecter ? Oui, on le peut, mais il faut, à ce moment-là, être extrêmement attentif aux gestes, mimiques et expressions de notre interlocuteur… En effet, c'est dans les premières secondes du mensonge qu'il est plus facile de le détecter, dans la mesure où il est pratiquement impossible de masquer nos premières réactions, même si nous avons la capacité de très rapidement reprendre le contrôle de notre visage. Ces expressions sont donc très fugaces, et il faut avoir un œil exercé pour les repérer. Il existe aussi d'autres indices qui peuvent éventuellement nous mettre sur la voie : un certain malaise, rougir, un regard fuyant… sauf si vous avez en face de vous un menteur de compétition !

Vrais et faux sourires

Eh oui ! Il existe les « vrais » et les « faux » sourires ! Et il est possible de les détecter d'une manière très simple. Dans un premier temps, essayons de définir ce qu'est un « vrai » sourire. Un vrai sourire, c'est-à-dire un sourire sincère et spontané implique en effet deux zones du visage : nos lèvres (qui vont se retrousser, parfois jusqu'à montrer nos dents), mais aussi nos yeux, via notamment un muscle, appelé « orbiculaire ». C'est ce muscle qui fait la différence, car s'il se contracte, nos sourcils s'abaissent et nos yeux se plissent légèrement, surtout au niveau de nos « pattes d'oie » qui sont des ridules très expressives situées au coin externe de l'œil. Mais attention, les bons menteurs peuvent aussi plisser les yeux… ce qui rend la détection d'un mensonge d'autant plus difficile… Soyez vigilant et observateur !

Un autre indice très intéressant peut cependant nous aider à repérer un faux sourire : c'est son côté asymétrique, alors qu'un vrai sourire est toujours symétrique. En effet, lorsqu'on sourit « pour de faux », nous avons tendance à ne sourire que d'un côté, et plus spécialement du côté gauche. Pourquoi ? Parce qu'en cas de mensonge, l'hémisphère droit de notre cerveau, celui qui gère le côté gauche de notre corps et qui dirige aussi toutes nos expressions faciales, est en conflit avec l'hémisphère gauche, qui, lui, n'est pas sous le coup d'une vraie émotion sincère, mais plutôt en plein calcul… D'où cette particularité : seul notre côté gauche sourit…

Les autres gestes du mensonge

D'autres gestes peuvent illustrer ce « conflit » entre l'hémisphère gauche et l'hémisphère droit de notre cerveau et vont ainsi créer un manque de cohérence dans notre gestuelle, c'est-à-dire des gestes ou mimiques qui vont se contredire entre eux, qui n'auront pas lieu d'être. Les autocontacts, par exemple, sont les premiers de ces indices. Ce sont tous les gestes fermés, peu convaincants, dirigés vers nous-mêmes, qui servent à nous rassurer quand nous sommes mal à l'aise. Ainsi, quand nous mentons, nous aurions tendance à multiplier les autocontacts vers le nez ou encore la bouche : notre cerveau, de manière inconsciente, « barrerait » ainsi le chemin du mensonge, en esquissant un geste de la main vers la zone de la bouche, qui se transforme parfois en geste vers le nez : on peut ainsi juste l'effleurer, ou carrément le gratter. Mais là encore, la prudence s'impose : il vaut mieux attendre d'avoir vu plusieurs gestes de ce type avant de conclure à un mensonge ! Ce n'est pas parce que la personne est mal à l'aise qu'elle ment. D'autres chercheurs pensent aussi que l'on peut repérer une fausse émotion quand cette dernière apparaît de façon trop prolongée ou appuyée sur le visage, car les émotions naturelles sont par définition de courte durée, sauf quand on les contrefait. Ainsi, pour leur donner plus de poids, on aurait tendance à « trop en faire »... D'ailleurs, un faux sourire aurait aussi tendance à se prolonger au-delà du temps habituel...

À RETENIR

Plusieurs indices peuvent en effet révéler un mensonge. Mais leur repérage, somme toute, est ardu, dans la mesure où ils peuvent être très brefs. Nos micro-expressions en sont le meilleur exemple : il est en effet difficile de cacher nos vraies émotions, qui transparaissent quasiment toujours, mais de façon très fugace… ou au contraire trop appuyée.

Le sourire est, contrairement à ce que l'on croit, une expression difficile à contrefaire, car il fait intervenir un muscle quasiment impossible à stimuler si l'on n'éprouve pas vraiment de joie : l'orbiculaire. C'est ce muscle qui fait la différence, car c'est grâce à lui que les yeux se plissent de façon caractéristique quand on sourit vraiment.

Les autocontacts, plus que des indices de mensonge, sont plutôt, si l'on peut dire, des indices de malaise (qui peuvent ainsi trahir un mensonge !). Les autocontacts les plus flagrants en cas de tromperie sont ceux qui portent les mains vers le visage, plus spécialement vers la bouche, comme si nous voulions l'empêcher de proférer des choses fausses…

Les gestes des hommes politiques

« La capacité à bien parler en public est la compétence la plus importante que puisse avoir un leader en politique ou dans le monde des affaires. »

Aram Bakshian, Jr

Témoignage

« J'habite dans un petit village de 2 000 habitants environ, dans le centre de la France, et cela m'amuse toujours de parler avec les gens d'ici pendant les campagnes électorales des municipales. Car malgré la modestie du village, les élections municipales ont le mérite de déchaîner les passions et les villageois eux-mêmes : la plupart sont assez engagés politiquement, et ils essaient de faire le maximum pour que leur village survive au mieux. Ça a d'ailleurs bien porté ses fruits, parce que l'on est l'un des seuls villages de la région qui voit le nombre de ses habitants augmenter. Bref, ce qui m'amuse, moi, parfois, ce sont les raisons que je trouve souvent fantaisistes qui font que les habitants vont voter pour l'un ou pour l'autre candidat. La dernière fois, je parlais avec la vieille dame qui tient le bureau de poste et le bureau de tabac du village dans le même bâtiment. Celle-ci me disait qu'elle allait voter pour tel candidat, parce qu'il "portait beau"*et* "qu'à son âge, il était encore frais comme un gardon, contrairement à l'autre figue molle" *et puis* "quand il parlait, on comprenait tout ce qu'il disait parce qu'il parlait assez fort pour

que tout le monde l'entende !"... *En revanche, elle n'a pas dit un seul mot sur son programme, qu'elle ne connaissait sans doute pas, d'ailleurs. Finalement, je me dis que les élections, même quand il n'y a pas la télévision, ça se joue beaucoup sur la tête des candidats... »*

Christian, 52 ans

Un peu de théorie

Une apparence dynamique

Le succès d'un homme politique passe avant tout par le fait de paraître dynamique, car cela est associé, dans l'esprit des électeurs, à un dynamisme politique et intellectuel. Ainsi, depuis le début de l'ère télévisuelle, les hommes de pouvoir s'échinent à paraître en bonne santé, alors même que les campagnes électorales et l'exercice du pouvoir les plongent dans un rythme de travail stakhanoviste. L'apparence est primordiale, ils doivent montrer qu'ils sont en forme pour être capable d'assumer leurs responsabilités. Premièrement, les hommes politiques s'appliquent toujours à avoir une démarche véloce, qui traduit leur énergie apparemment inépuisable. Par exemple, Barack Obama monte toujours dans l'Air Force One en courant ! Sans parler de Nicolas Sarkozy, régulièrement filmé en train de faire son jogging matinal... Ensuite, la démarche des hommes politiques se doit d'être extrêmement masculine, dominante. De fait, elle se caractérise par un mouvement de balancier de leurs bras, qui doivent monter haut, plutôt en avant qu'en arrière, et par le fait que les bras se balancent en travers du corps quand ils viennent à l'avant, signe de virilité. Les femmes, au contraire, balancent souvent leurs bras plutôt sur le côté, avec un mouvement de poignet vers l'extérieur, comme si ces derniers suivaient la courbe de leurs hanches. À noter : les femmes politiques prennent souvent, arrivées au pouvoir, une démarche beaucoup plus masculine, car cela les ferait paraître plus compétentes…

Des gestes fermes…

Généralement, on estime qu'un homme politique doit savoir se maîtriser, et donc maîtriser sa gestuelle. Alors, dans les meetings et autres interviews télévisées, les hommes politiques sont en général briefés par des coachs pour éviter que leur communication non verbale ne vienne parasiter leurs discours, le moindre geste malheureux pouvant durablement entamer leur crédibilité. Heureusement, tous les gestes ne sont pas proscrits, ce qui donnerait, a contrario, une impression d'apathie, de rigidité excessive, ou de malaise ! Cependant, leurs gestes sont réfléchis, pesés, comme leurs mots. Par exemple, pour appuyer leurs idées ou montrer leur détermination, il est conseillé de faire des gestes beaucoup plus amples. Les gestes les plus souvent utilisés sont en général les gestes dits « projetés », vers le haut ou vers l'avant : ce sont aussi les plus agressifs. Ce mouvement d'agressivité peut aussi être accompagné par un ou deux poings, brandis vers le ciel pour galvaniser les foules ou appuyer un discours très militant. Elle peut aussi être montrée par des gestes « tranchants », les mains en couperet, qui sont aussi des gestes censés apporter de la structure et de la clarté au discours. En règle générale, si le discours est « musclé », l'homme politique montrera volontiers les articulations de ses mains (en montrant ses poings, par exemple) plutôt que l'intérieur de ses paumes. Car le dos de la main est masculin, alors que l'autre côté, la paume, est plus féminin.

Et des gestes apaisants

Bien évidemment, les hommes politiques ne peuvent pas non plus passer leur temps à avoir une gestuelle agressive, car cela leur enlèverait une bonne part de l'électorat. Ainsi, de temps en temps, ils font des bains de foules pour serrer des mains, embrasser des militant(e)s ou des enfants. Embrasser des enfants peut même devenir leur hobby préféré en campagne électorale, car cela leur confère une humanité, une sympathie particulière, un côté paternel très apprécié et rassurant. De plus, dans l'inconscient humain, brandir un enfant sert surtout de protection contre l'ennemi (cette pratique archaïque serait encore en cours dans certaines sociétés de primates). Quand les hommes politiques embrassent des enfants, cela signifierait donc aussi « ne m'attaquez pas ». L'autre façon d'apaiser les foules est de se présenter devant elle avec son conjoint (ou plutôt sa conjointe dans la majorité des cas). S'entourer de gens qui les aiment, de leur famille et amis, est ainsi une tactique bien éprouvée par tous les dirigeants : cela court-circuite en quelque sorte l'agressivité des gens, car nous sommes plus disposés, inconsciemment, à aimer quelqu'un de déjà populaire (ce qui stimule notre besoin d'appartenance)... D'où la propension à s'entourer d'une équipe paraissant soudée, plutôt que risquer de sembler isolé. D'ailleurs, quand le Président ou tout homme politique paraît seul, sur une photo ou une vidéo, c'est en général une question de décorum, pour se montrer en toute majesté...

À RETENIR

La première qualité que les hommes politiques doivent montrer à leurs électeurs potentiels, c'est leur force vitale. En effet, qui voterait pour quelqu'un qui a un air mou ou apathique ? Ainsi, ils doivent prouver qu'ils s'entretiennent et qu'ils sont dynamiques, notamment à travers une démarche volontaire, voire parfois exagérément masculine.

Aujourd'hui, les hommes politiques doivent aussi prouver qu'ils sont déterminés et qu'ils ne vont pas se faire marcher sur les pieds sur la scène nationale voire internationale. Ainsi, en meeting, devant leur public, ils adoptent volontiers une gestuelle dominante et agressive, principalement à travers des mouvements de bras amples et projetés.

Mais attention ! ils ne doivent pas non plus passer pour des personnes insensibles qui ne seraient intéressées que par le pouvoir... Il est donc important qu'ils se présentent régulièrement avec leur conjoint (avec qui ils filent forcément le parfait amour), ou encore qu'ils se mettent à embrasser des bébés... de préférence devant les caméras !

Ce que vous avez lu, votre cerveau le savait déjà

Votre lecture est maintenant terminée. Vous savez à présent, grâce aux recherches de centaines de scientifiques, comment agir pour paraître plus convaincant, plus séduisant, plus charismatique. Vous savez aussi comment déjouer les manipulations, reconnaître l'état émotionnel des autres ou confondre les mensonges. Vous savez enfin qu'avec de l'entraînement, vous pouvez modifier votre impact et l'image que les autres ont de vous, à l'aide de quelques gestes précis.

Cependant, tout ne se fait pas en un jour. Quand vous commencerez à observer votre propre image et celle des autres, vous vous sentirez certainement débordé et surpris par la montagne d'informations que vous allez découvrir. Vous ferez attention à chaque geste, chaque respiration, chaque intonation de votre voix. Vous penserez aussi, peut-être, que les autres verront que vous avez touché votre nez, croisé vos bras ou souri de façon fausse. Mais tranquillisez-vous : peu de personnes sont capables de maîtriser le langage non-verbal, et vous-même n'en êtes qu'à vos balbutiements. Vous allez faire beaucoup d'erreurs, dans la transmission d'informations vous concernant autant que dans l'interprétation que vous ferez des gestes des autres. Pensez aussi que les autres auront déjà leur esprit occupé à donner une bonne image d'eux-mêmes et qu'ils ne noteront pas forcément les gestes que vous ferez, vous. Ne soyez donc pas trop dur avec votre corps… et ne vous en veuillez pas sous prétexte que vous aurez croisé vos jambes ou vos bras alors « qu'il ne le fallait pas ». Vous n'allez pas non plus passer le reste de votre vie à mettre les mains dans les poches ! Enfin, pensez que tout ce que vous avez lu, votre cerveau le sait déjà, sans que vous en ayez jamais eu conscience. Il est déjà programmé pour reconnaître chaque détail, chaque posture, chaque geste. Vous ne faites que rendre conscient ce qui était inconscient. Alors ne soyez pas trop formel, faites donc confiance à votre intuition…

Auteur : Marie-Laure Cuzacq
Illustration de couverture : Oliver

EDITIONS ESI

100 rue Petit, 75019 Paris

Imprimé par FINIDR - Lipova cp. 1965 - 73701 Cesky Tesin - République tchèque

ISBN : 978-2-8226-0342-3
N° Sofédis : S550461